Er leiden vele wegen naar het buitenland

Prof. dr. Pieter Klaas Jagersma

Inspiration Press

Inspiration Press/Pieter Klaas Jagersma. — revised 1st ed. [2003]
ISBN 978-9-0810776-7-5 NUR 801

INHOUDSOPGAVE

1 VOORWOORD

Er leiden vele wegen naar het buitenland. Maar welke wegen voeren de ondernemer naar de juiste bestemming? Ofwel: Wat zijn de factoren die internationaal zakendoen tot een succes maken? En welke belemmeringen staan dat succes in de praktijk zo vaak in de weg? Dat zijn de belangrijkste vragen die in dit boek helder worden beantwoord.

Prof. dr. P.K. Jagersma verrichtte dit onderzoek op ons verzoek. Als betrokken partner in het internationaal zakenverkeer zien wij het immers als onze verantwoordelijkheid ondernemers concrete middelen aan te reiken om internationaal zakendoen tot een succes te maken. Dit boek is een voorbeeld van zo'n middel. Andere voorbeelden zijn de seminars en handelsmissies, die als doel hebben cliënten op gedegen wijze te introduceren in nieuwe markten. Daarbij kunnen ondernemers gebruik maken van alle kennis die we door de jarenlange aanwezigheid in vele landen hebben opgebouwd. Via onze International Desks krijgen zij toegang tot ons netwerk. Niet alleen zorgen we voor een introductie bij onze buitenlandse collega's, maar bovendien benaderen we ter plaatse ondernemers die een goede match zouden kunnen vormen met cliënten.

Kortom, ABN AMRO staat de ondernemer terzijde bij het internationaal zakendoen. We zijn er zeker van dat ook dit boek op inspirerende wijze zal helpen de juiste weg te kiezen naar de beoogde internationale marktpositie.

Han de Ruiter
ABN AMRO Bank N.V.
Directeur Zakelijke Relaties

2 INLEIDING

Vele ondernemers hebben er al last van en nog veel anderen zullen er last van krijgen: 'internationalitis', een agressief virus dat menige directiekamer in een mum van tijd lam legt. De symptomen spreken voor zich: ondernemers die al exporterend, acquirerend en fuserend internationaal actief willen worden. Want Nederland is te klein en de rest van de wereld een braakliggend economisch werkterrein. Net als veel andere virussen heeft ook 'internationalitis' vervelende bijwerkingen. De belangrijkste: 'internationalitis' vertroebelt het zicht van de ondernemer op de realiteit.

Het is opmerkelijk hoeveel ondernemers zijn uitgekeken op het pierenbadje Nederland. Zij lijken echter vaak niet te begrijpen, dat je een aardige conditie moet hebben om in het grote en diepe internationale 50-meter bad mee te kunnen komen. Wie de krant leest komt dikwijls tot de conclusie dat het internationalisatiebeleid van veel ondernemingen als een full-color story wordt gepresenteerd, met het accent op colour wel te verstaan.

Mijn meer algemene opvatting is dat het fenomeen internationaal ondernemen te vaak als prettig te consumeren - want an sich positieve - verpakking wordt gezien (de 'vorm'), waardoor men voorbijgaat aan de complexe inhoud. Dit is overigens wel begrijpelijk, want bij internationaal ondernemen gaat het op het eerste gezicht om de groei van een onderneming. En groeien wordt in bedrijvenland nog steeds als 'bloeien' gepercipieerd.

Toen men mij enige tijd geleden vroeg om een onderzoek te doen naar het verschijnsel 'internationaal zakendoen' en dat in de meest ruime zin van het woord bekroop mij een merkwaardig gevoel. Immers, wat kunnen we nog toevoegen aan een onderwerp dat we als BV Nederland na enkele eeuwen zo langzamerhand weleens onder de knie zouden moeten hebben. Bovendien, hoort de BV Nederland niet tot de eredivisie van landen waar het wat betreft de internationale georiënteerdheid goed toeven is? Dat het woord 'internationalisatie' het wachtwoord is van de toekomst, weten we toch al lang?

Mijn visie is echter een geheel andere. Ik heb als ondernemer en wetenschapper mede om die reden de afgelopen jaren veelvuldig over het onderwerp internationaal ondernemen geschreven - niet zelden met een kritische ondertoon. Verschillende onderwerpen die met het vakgebied 'internationale bedrijfskunde' te maken hebben, zijn tijdens uiteenlopende onderzoeken de revue gepasseerd. Die onderzoeken hebben een bont palet aan inzichten opgeleverd.

Op verzoek van ABN AMRO ben ik enige tijd terug begonnen met een uitdagend onderzoek naar de succes- en faalfactoren van internationaliserende ondernemingen en dat in verschillende delen van de wereld. De 'breedte' en 'diepte' van het op deze plaats besproken onderzoek maakt het tot een van de interessantste onderzoeken die de afgelopen jaren naar het verschijnsel 'internationaal ondernemen' zijn uitgevoerd.

De belangrijkste reden om dit voor u liggende boek te schrijven is het delen van kennis ('kunde') en ervaringen ('kunstjes') over het complexe verschijnsel 'internationaal ondernemen' en dat in de meest brede zin van het woord. Daarbij worden zowel het 'decor' (de 'externe omgeving' waarin internationaal actieve ondernemingen opereren) als vele 'bedrijven' (de rol van internationale beleidsvorming, -uitvoering, en -evaluatie) behandeld. Een toneelstuk (in dit geval 'internationaal ondernemen') valt immers pas te doorgronden wanneer je als kijker de interactie tussen het decor en het toneel (de 'bedrijven') begrijpt.

Het boek behandelt de macro-, meso- en micro-economische bedrijfs- en beleidspraktijk die voor individuele, internationaal actieve ondernemingen van belang is en gaat met name dieper in op het doorzichtig maken van de spelregels van het internationale spel van zet en tegenzet ('concurrentie') en het uitvergroten van het vaak te kleine lettertype van de daarmee gepaard gaande handleiding. Internationaal actieve ondernemingen opereren in verschillende soorten macro-economische, politieke, juridische, culturele en technologische omgevingen die mogelijkheden bieden maar tegelijkertijd niet zelden bedreigend zijn. De 'kunst van het internationaal ondernemen' is de bedreigingen te pareren en de mogelijkheden te benutten door op een weloverwogen manier de juiste strategische en operationele beslissingen te nemen.

Mijn thuisfront heeft zoals altijd een stimulerende functie gehad. Yvette blijkt ook tijdens het research- en schrijfproces de hoofdrol te hebben gespeeld (hoewel dat bij tijd en wijle door de direct betrokkene 'im Frage' werd getrokken). De situatie op het thuisfront draagt altijd voor een belangrijk deel bij aan het plezier waarmee een boek wordt geschreven. Zonder een vruchtbare voedingsbodem wordt het schrijven van een boek als het lopen van een marathon - zonder water en dat met een straffe tegenwind wel te verstaan. Dankzij mijn thuisfront werd ik van de nodige mentale massages en 'rugwind' voorzien. Het heeft het research- en schrijfproces tot een verademing gemaakt.

Het boek is opgedragen aan ABN AMRO - op het eerste gezicht wederom een bijrolspeler. ABN AMRO heeft in 1995 de financiële middelen ter beschikking gesteld voor een leerstoel 'International Business in het bijzonder de Exportkunde'. Vanaf het moment dat schrijver dezes die leerstoel mag bekleden, heeft ABN AMRO in de hoedanigheid van verschillende senior managers een belangrijke inspirerende rol gespeeld op het gebied van onderwijs en onderzoek inzake het b(l)oeiende fenomeen internationaal ondernemen. De Bank heeft door haar betrokkenheid een belangrijke bijdrage geleverd aan de verdere ontwikkeling van mijn vakgebied en dat met name op (post-) universitair niveau.

3 HET ONDERZOEK

3.1 Algemeen

Steeds meer Nederlandse ondernemingen gaan internationaal de
boer op. Veel Nederlandse ondernemingen die bovendien al
jarenlang actief zijn op buitenlandse productmarkten, zijn intensief
bezig vlaggetjes te zetten op nog aanwezige witte velden. Met de
regelmaat van de klok worden in het buitenland deals gesloten. Dit
varieert van het op eigen kracht opzetten van kleine vestigingen tot
en met het acquireren van grote buitenlandse ondernemingen.

Het gevolg van deze ontwikkeling is dat steeds meer Nederlandse
ondernemingen een steeds groter deel van hun omzet en winst uit het
buitenland halen. Dat gaat overigens niet altijd zonder slag of stoot.
Zo zijn de vaak breed uitgemeten goede resultaten niet zelden een
kort leven beschoren. Dat het internationaliseren van het werkterrein
van Nederlandse ondernemingen altijd een succes is, is een
misvatting. Iedere onderneming die het werkterrein internationaal
verruimt, betaalt daarvoor het nodige leergeld.

Tegen deze achtergrond is het aan dit boek ten grondslag liggende
onderzoek geen overbodige luxe geweest. Het verschijnsel
'grensoverschrijdend opereren' werpt namelijk tal van niet altijd even
gemakkelijk te beantwoorden vragen op. Anders gezegd: de hoofdweg
'internationaal opereren' ligt bezaaid met obstakels en heeft
bovendien interessante, maar niet zelden moeilijk te bewandelen
zijwegen.

Meer in het algemeen willen we middels dit boek een duidelijke
bewegwijzering aanbieden. Het boek gaat per slot van rekening over
de belangrijkste succesfactoren van internationaal ondernemen.
Uiteindelijk moeten ondernemingen op eigen kracht de uitdaging
internationaal ondernemen op een succesvolle manier aanvatten en
tot een goed einde brengen.

3.2 Vertrekpunten

Dit boek behandelt het fenomeen grensoverschrijdend opereren
vanuit verschillende invalshoeken. Daarbij fungeert als primair
vertrekpunt: de internationale profilering van individuele
Nederlandse ondernemingen. We gaan dus vooral in op het

management van het internationale ondernemingsproces van Nederlandse ondernemingen. Dat betekent dat we veel ruimte reserveren voor het beschrijven en 'voorschrijven' van het internationale concurrentiegedrag van ondernemingen. Dit 'gedrag' - het resultaat van het nemen en uitvoeren van bepaalde beslissingen - manifesteert zich op vele manieren en leidt altijd tot een verbetering dan wel verslechtering van de concurrentiepositie van een internationaal actieve Nederlandse onderneming.

Ondernemingen opereren voorts in allerlei soorten omgevingen - de 'voedingsbodem' - en zijn voor hun functioneren in sterke mate afhankelijk van de specifieke eigenschappen van die omgevingen. We zullen uitvoerig stil blijven staan bij de diversiteit aan omgevingen. Zonder de juiste hoeveelheid potgrond, zon en water is immers geen enkele plant in staat uit zichzelf te groeien.

Dat neemt niet weg dat individuele ondernemingen die internationaal actief zijn dan wel actiever willen worden over een goede 'conditie' dienen te beschikken. Uiteindelijke concurreren Nederlandse ondernemingen lokaal en internationaal om marge en marktaandeel. In dit boek schenken we op een evenwichtige manier aandacht aan allerlei variabelen en ontwikkelingen die van invloed zijn op het internationale concurrentiegedrag van individuele Nederlandse ondernemingen.

Een ander elementair uitgangspunt van dit boek is dat de Nederlandse 'internationale praktijk' centraal staat. Het onderwerp internationaal ondernemen wordt zo dicht mogelijk tegen de Nederlandse praktijk aangelegd. De Nederlandse praktijk is het vertrekpunt.

Een vierde uitgangspunt is de bruikbaarheid van de gepresenteerde inzichten. De resultaten van het aan dit boek ten grondslag liggende onderzoek zijn bruikbaar voor de internationale praktijk van alledag en dat voor zoveel mogelijk ondernemingen. Ten behoeve van de bruikbaarheid van de resultaten is gekozen voor het prioriteren en clusteren van de onderzoeksresultaten in de vorm van zogenaamde 'thema's'. Abstracte numerieke verhandelingen dan wel 'waslijsten' onderzoeksresultaten kunnen op deze wijze uit de weg worden gegaan. Dit is eveneens de toegankelijkheid van de resultaten ten goede gekomen.

Door de onderzoeksresultaten in de vorm van belangrijke (succes)thema's te presenteren, neemt het 'bereik' van de inzichten toe en dat is een belangrijk uitgangspunt geweest bij het schrijven van dit praktische boek. Exotische voorbeelden hebben in die hoedanigheid weinig toegevoegde waarde. De hier gepresenteerde thema's kunnen op meerdere bedrijfstakken - en daarmee ondernemingen - toegepast worden.

3.3 Het onderzoek

Algemeen

Dit boek is gebaseerd op een onderzoek uitgevoerd onder diverse Nederlandse industriële en dienstenondernemingen. Daarbij is gebruik gemaakt van een van de door het Center for International Business van Universiteit Nyenrode ontwikkelde databases.

In de geraadpleegde database bevinden zich 2,570 Nederlandse ondernemingen die ervaren zijn met internationaal ondernemen, i.e., ondernemingen die via export dan wel directe buitenlandse investeringen hun werkterrein naar het buitenland hebben verlegd. De database fungeerde als steekproefkader.

In het onderzoek hebben we ons gericht op de 'succes- en faalfactoren van internationaal ondernemen' van Nederlandse ondernemingen in verschillende delen van de wereld. Daarbij hebben we ons toegelegd op vier geografische entiteiten: (1) Europa, (2) Noord-Amerika, (3) Latijns-Amerika en (4) Azië.

Omwille van de focus van het onderzoek hebben we ons geconcentreerd op het bestuderen van de succes- en faalfactoren van internationaal ondernemen van Nederlandse ondernemingen met activiteiten in de hierboven aangegeven werelddelen. Andere werelddelen zijn niet meegenomen in het onderzoek.

Methodologie

We hebben in het onderzoek gebruik gemaakt van individuele diepte-interviews om inzicht te krijgen in de succes- en faalfactoren van internationaal actieve Nederlandse ondernemingen.

In totaal zijn 375 functionarissen van verschillende Nederlandse ondernemingen geïnterviewd. Het ging om (1) 252 (staf)directeuren dan wel leden van een hoofddirectie respectievelijk raad van bestuur en (2) 123 andere leidinggevende functionarissen - met name general managers van buitenlandse dochtermaatschappijen en exportmanagers - die primair dan wel gedeeld verantwoordelijk zijn voor het formuleren en/of uitvoeren van het internationale ondernemingsbeleid. De eerste groep leidinggevenden opereert vanuit het hoofdkantoor in Nederland. De tweede groep leidinggevenden opereert vanuit het hoofdkantoor in Nederland en/of vanuit internationale dochtermaatschappijen.

Verschillende ondernemingen gebruiken overigens in de praktijk verschillende omschrijvingen voor hun leidinggevende functionarissen - zowel op het hoofdkantoor als in de verschillende internationale dochtermaatschappijen. Wij zullen in dit boek echter consequent gebruik maken van de driedeling - directeuren, general managers en exportmanagers.

Uiteindelijk resteerde een zeer diverse portfolio internationaal actieve Nederlandse ondernemingen - van ondernemingen die slechts met enkele activiteiten in slechts enkele landen internationaal actief waren tot ondernemingen die de bulk van de omzet en winst via vele dochtermaatschappijen in het buitenland realiseerden. De 375 interviewees werkten bij 288 ondernemingen. Van die ondernemingen was (afgerond) 65 procent actief in het Midden- en Kleinbedrijf en 35 procent in het Grootbedrijf (i.e., conform de definitie van het EIM). De researchpopulatie bestond voor 78 procent uit industriële ondernemingen en voor 22 procent uit dienstenondernemingen. De diverse scope van het onderzoek was representatief voor de aard en samenstelling van de Nederlandse economie.

De groep leidinggevenden is met behulp van persoonlijke diepte-interviews geïnterviewd. De interviews duurden gemiddeld ongeveer 80 minuten. De interviewer maakte gebruik van semi-gestructureerde interviews. Ongeveer 20 vragen fungeerden als inhoudelijke en procedurele rode draad. De vragen uit de vragenlijst waren rondom de centrale onderzoeksvraag geboetseerd: de succes- en faalfactoren van internationaal ondernemen.

De interviews werden - indien daarvoor toestemming werd verkregen - zoveel mogelijk op tape opgenomen. De interpretatie van het interview kon op die manier achteraf plaatshebben. Daardoor bleef er meer ruimte over om gedurende het interview tot discussie te geraken. Op die wijze vond er gedurende het interview een verdiepingsslag plaats op het terrein van het internationale ondernemingsbeleid van uiteenlopende Nederlandse ondernemingen. Omwille van redenen die verband houden met de vertrouwelijkheid werden de resultaten geanonimiseerd en werd de 'methode van de toenemende abstractie' toegepast.

Geldigheids- en betrouwbaarheidsproblematiek

De geldigheids- en betrouwbaarheidsproblematiek is inherent aan ieder organisatie-onderzoek. Individuele cases zijn specifiek. De crux is dan in hoeverre kennis gegenereerd door toepassing van individuele cases geldig en betrouwbaar is.

We maken in dit verband gebruik van de door Jagersma (1993) uiteengelegde richtlijnen voor kwalitatief hoogwaardig organisatie- onderzoek. Bijzondere aandacht is tijdens dit onderzoek uitgegaan naar: 1. het hanteren van eenduidige begrippen en definities (ten behoeve van de zogenaamde 'begripsvaliditeit') 2. het uiteenleggen van causale verbanden alsmede het expliciteren van veronderstellingen (ten behoeve van de 'interne validiteit') 3. het optimaliseren van de generaliseerbaarheid van de resultaten (ten behoeve van de 'externe validiteit') zodat het 'bereik' van de resultaten wordt verruimd en daarmee de bruikbaarheid van de gegenereerde inzichten 4. de 'stabiliteit' van de resultaten (i.e., als we hetzelfde fenomeen steeds opnieuw bestuderen met dezelfde onderzoeksstrategie, krijgen we dan dezelfde uitkomsten?) en de 'nauwkeurigheid' van de resultaten (i.e., geeft de onderzoeksstrategie het bestudeerde 'zuiver' weer?)

Deze richtlijnen hebben de validiteit en betrouwbaarheid van de gegenereerde onderzoeksresultaten gegarandeerd.

Doordat specifieke managementvraagstukken centraal hebben gestaan tijdens dit probleemgerichte internationale onderzoek, verdiende de inductieve methode de voorkeur. Op deze manier kan langs de weg van inductief empirisch onderzoek tot robuuste uitspraken worden gekomen. In feite hebben we voortdurend zogenaamd 'replicatie-onderzoek' uitgevoerd: eerder vastgestelde conclusies werden in de loop der tijd middels nieuwe cases voortdurend bevestigd (dan wel weerlegd). Dankzij het kwalitatieve organisatie-onderzoek werden we in de gelegenheid gesteld te 'verkennen', te 'illustreren' en te 'verklaren' (en daardoor te 'normeren').

Het onderzoek heeft veel bruikbaar materiaal opgeleverd. Op deze plaats presenteren we enkele belangrijke bevindingen, conclusies en 'geleerde lessen' en dat in de vorm van beknopte thema's. De succes- en faalfactoren van internationaal ondernemen worden herleid naar thema's die in het bijzonder de aandacht verdienen van internationaal actieve Nederlandse ondernemingen. De in organisatie-onderzoek veel toegepaste 'methode van de toenemende abstractie' is hierbij leidend geweest. Dit heeft geleid tot twaalf 'succes'- annex 'faalthema's'.

Internationalisatieproces als leidraad

Gedurende het onderzoek hebben we de succes- en faalfactoren van internationaal ondernemen gekwalificeerd. Daarbij zijn we uitgegaan van het internationalisatieproces, zoals beschreven door Jagersma

(1996, 1997 en 2001). Kortheidshalve bestaat dit proces uit vier fasen:

- Internationaal actieve ondernemingen laten zich gedurende het formuleren van het internationale ondernemingsbeleid 'voeden' door de 'externe' omgeving waarin wordt geopereerd. Die omgeving bestaat uit vele 'sub-omgevingen', zoals de macro-economische omgeving, de juridische omgeving, de maatschappelijke omgeving, de culturele omgeving, de politieke omgeving en de bedrijfstak waarin in het buitenland wordt geopereerd. Het nauwkeurig in kaart brengen, analyseren en interpreteren van de bedrijfsomgeving is fase I van het internationaal ondernemingsproces.

- Het te formuleren internationale ondernemingsbeleid moet worden vastgelegd in een internationaal beleids- annex businessplan. Het internationale ondernemingsbeleid bestaat uit een 'strategisch' en een 'operationeel' beleid. Deze onderverdeling luistert nauw. Internationaal actieve ondernemingen zullen met betrekking tot de beide vormen van beleidsvorming expliciete keuzes moeten maken. Die keuzes zullen wat betreft hun hoofdlijnen duidelijk geëxpliciteerd, vastgelegd en onderbouwd moeten worden. Internationale beleidsvorming is fase II van het internationaal ondernemingsproces.

- De in stap twee uiteengelegde en gemaakte keuzes moeten uiteindelijk uitgevoerd worden en uitmonden in een lokaal dan wel mondiaal concurrentievoordeel versus (in)directe concurrenten. Het uitvoeren van het internationale ondernemingsbeleid is bepaald geen sinecure en vergt de nodige flexibiliteit van de kant van de internationaal actieve onderneming. Internationale beleidsuitvoering is fase III van het internationaal ondernemingsproces.

- Internationale ambities, doelstellingen en uitgevoerde acties - 'strategieën' - om die ambities en doelstellingen te realiseren moeten na verloop van tijd geëvalueerd worden. Het evalueren van ambities, doelstellingen en uitgevoerde acties c.q. beslissingen impliceert het in de loop der tijd volgen van ambities, doelstellingen en acties/beslissingen. Op die manier kan een internationaal actieve onderneming eventuele corrigerende maatregelen effectueren en - minstens zo belangrijk - 'leren' van het internationaal ondernemen. Internationale beleidsevaluatie is fase IV van het proces van internationaal ondernemen.

De gehanteerde semi-gestructureerde vragenlijst had betrekking op alle vier de fasen van het proces van internationaal ondernemen. De inhoud van dit boek volgt de vier stadia van internationaal ondernemen.

3.4 Tot slot

Het primaire doel van dit boek is het ontwikkelen dan wel aanscherpen van vaardigheden op het terrein van het internationaal zakendoen. Het boek geeft niet 'alle antwoorden op alle vragen'. Daarin is een bewuste keuze gemaakt: optimalisatie in plaats van maximalisatie van inzichten. Het tv-fenomeen Bill Cosby (hoofdrolspeler in de veelgeroemde 'De Cosby Show') formuleerde het in 1985 eens als volgt: 'The key to success is not trying to please everyone'.

Dat neemt niet weg dat we ambitieus zijn geweest bij de opzet van dit boek. Ondernemers moeten met dit boek 'onder de arm' in staat worden gesteld hun ondernemingen op te stuwen in de vaart der internationale collegae. Het boek stimuleert het ontwikkelen van een holistische (allesomvattende) kijk op internationaal ondernemen. Het laat zien hoe belangrijk het is voor een ondernemer zijn 'job' vanuit een internationaal perspectief te beschouwen. Zonder een internationaal perspectief op ondernemen gaat iedere lokaal dan wel internationaal opererende onderneming op termijn ten onder.

In dit boek wordt het gehele spectrum aan ondernemingen bestreken: van 'mega-ondernemingen' actief in vele landen en werelddelen tot kleine en middelgrote ondernemingen die op slechts één dan wel enkele specifieke buitenlandse markten actief zijn. De relevante verschillen tussen het in verschillende werelddelen actief zijn zullen daar waar nodig geëxpliciteerd worden.

In dit boek worden de belangrijkste op actuele feiten gebaseerde succesvoorwaarden voor internationaal ondernemen geschetst. Nederlandse ondernemers die op zoek zijn naar kwalitatief interessante adviezen zullen zeker aan hun trekken komen. En laat nu juist dat de primaire doelgroep zijn van dit boek.

4 DE EXTERNE OMGEVING

4.1 Algemene uitdagingen

De vraagstelling of een onderneming al dan niet in staat is tot internationalisering, moet altijd vanuit twee invalshoeken worden bekeken: de (lokale buitenlandse) omgeving (is er een markt voor de producten van een exporterende dan wel direct in het buitenland investerende onderneming?) en de internationaliserende onderneming (beschikt de onderneming over de capaciteiten en middelen om van internationalisatie een succes te maken?). Ondernemingen zullen goed voorbereid aan de start moeten verschijnen. Zoals zo vaak geldt ook voor internationaal ondernemen: de winst zit 'm vooral in de voorbereiding.

De vele uitdagingen van de in ons onderzoek bestudeerde internationaliserende Nederlandse ondernemingen zijn min of meer te herleiden tot:
- De kwaliteiten van de leiding van een internationaliserende onderneming.
- Het formuleren en uitvoeren van de internationalisatiestrategie: systematisch en structureel of chaotisch en ad-hoc?
- Operationele uitdagingen waarmee men dag-in-dag-uit wordt geconfronteerd.

Kwaliteit leiding

De kwaliteit van de leiding van een internationaliserende onderneming is van doorslaggevend belang. Die leiding dient over voldoende vaardigheden (en bij voorkeur ook over ervaring) te beschikken, wil van internationaal ondernemen een succes worden gemaakt. Het gaat in dit kader om een baaierd aan vaardigheden, variërend van ondernemende, organisatorische en communicatieve vaardigheden tot en met financiële, logistieke, commerciële en administratieve vaardigheden. Een ondernemer met alleen specifieke leidinggevende vaardigheden zal hoogst zelden succesvol zijn op het terrein van het internationaal zakendoen. Generieke vaardigheden zijn een absolute 'need to have'.

Van belang is dat niet alleen de hoogste leidinggevende over de voornoemde vaardigheden beschikt. De gehele top van een onderneming die voornemens is te internationaliseren dan wel reeds internationaliseert dient over de eerdergenoemde generieke vaardigheden te beschikken. Internationaal ondernemen is een risicovolle activiteit. Alleen met de juiste en voldoende vaardigheden - gedeeld in de hoogste leiding - zal een onderneming in staat zijn succesvol te internationaliseren.

Systematisch beleid

Punt twee ligt in het verlengde van punt één. Ondernemingen die internationaal ondernemen zullen dat op een systematische en structurele manier moeten doen. 'Gelegenheidsexport' - het exporteren van louter overtollige goederen - kan (tijdelijk) een succes zijn, maar blijkt in de praktijk eerder de eerste stap op weg naar een déconfiture te zijn. Internationalisatie is een complexe activiteit en ondernemers en managers zullen de 'internationale uitdaging' op een weloverwogen manier dienen aan te vatten.

Keer op keer is uit ons onderzoek naar voren gekomen dat succesvol internationaliserende ondernemingen op een structurele en systematische wijze vormgeven aan deze uitdaging. In dit verband is het belangrijk te benadrukken dat ook Britse, Japanse en Duitse success stories veel tijd en energie in hun voorbereiding en het opzetten van een internationaal businessplan steken. De 'cost' gaat in dit verband ook internationaal voor de 'baet' uit. Internationaal ondernemen is vooral investeren - investeren in de juiste infrastructuur (in de meest brede zin des woords) om van internationaal ondernemen een strategisch, operationeel en financieel succes te maken.

Operationele uitdagingen

Internationaal ondernemen is met name een praktijkgebonden aangelegenheid, omgeven met veel vraagtekens - vraagtekens die door ondernemers in uitroeptekens moeten worden omgezet. De dagelijkse problemen en uitdagingen zijn uiteenlopend van aard en zonder uitzondering bedreigend voor het internationale succes. Internationaal actieve ondernemers worden dag-in-dag-uit geconfronteerd met zaken als administratieve rompslomp, onbetrouwbare dan wel 'discutabele' buitenlandse partners, taal- en communicatieproblemen, fiscale vraagtekens, keurings- en kwaliteitseisen die verschillen van die in Nederland, registratie en bescherming van producten en merken en wat dies meer zij. Die problemen en uitdagingen souperen veel tijd op. Het aanvatten van dergelijke dagelijkse beslommeringen wordt vaak onderschat. Toch is juist de factor 'tijd' vaak van doorslaggevend belang. Internationaliserende ondernemingen zullen zich terdege bewust dienen te zijn van het feit dat dergelijke beslommeringen eerder vandaag dan morgen opgelost dienen te worden. Internationaal ondernemen vergt veel discipline.

Internationaal actieve Nederlandse ondernemingen die deze drie uitdagingen weten te beteugelen hebben een vruchtbare voedingsbodem ontwikkeld voor een succesvolle internationale groeistrategie. Die ondernemingen zijn zich eveneens vaak bewust van het feit dat internationaliseren een proces is bestaande uit enkele stadia die achtereenvolgens doorlopen moeten worden. In het vorige hoofdstuk is reeds aangegeven dat het internationalisatieproces uit vier verschillende stadia bestaat.

In dit hoofdstuk behandelen we de eerste fase (de externe omgeving) van het internationalisatieproces, terwijl we in de navolgende hoofdstukken dieper ingaan op de drie andere stadia die inherent zijn aan internationaal ondernemen (i.e., de internationale beleidsvorming, -uitvoering, en -evaluatie).

Internationaliseren - exporteren en/of direct in het buitenland investeren - is lastig. Dat blijkt wel uit de ervaringen van de 375 geïnterviewde Nederlandse directeuren, general managers en exportmanagers. Het gespreksonderwerp 'externe omgeving' werd gedomineerd door vier thema's (in willekeurige volgorde): (1) (de noodzaak tot) maatschappelijk verantwoord ondernemen, (2) het belang van de politieke omgeving (in de thuismarkt), (3) de juridisering van de internationale bedrijfsomgeving en (4) (de mogelijkheden en bedreigingen van) internet.

Relevante doch minder frequent bediscussieerde onderwerpen als de financiële turbulentie in verschillende delen van de wereld (met name Zuid-Amerika) en de mondiale macro-economische neergang in met name Noord-Amerika en Europa werden als niet te beïnvloeden externe omgevingsvariabelen gezien. Ongeveer driekwart van de interviewees was overtuigd van de noodzaak een pro-actieve vinger aan de 'maatschappelijke', 'politieke' en 'juridische' pols te houden. Voorts werd door ongeveer veertig procent van de interviewees gewezen op het belang en de mogelijkheden van internet bij internationaal zakendoen. In het vervolg van dit hoofdstuk worden deze vier thema's nader uitgediept.

4.2 Thema 1 - Maatschappelijk verantwoord ondernemen

Nederlandse ondernemingen die internationaal actief zijn proberen langs die weg bepaalde doelstellingen te realiseren. De omgeving waarin 'doelgerichte' internationaal actieve Nederlandse ondernemingen opereren wordt in sterke mate beïnvloed door nationale en internationale krachten. Nederlandse ondernemingen zullen een goed inzicht moeten hebben in de internationale en lokale omgeving(en) waarin wordt geacteerd.

Nederlandse ondernemingen horen op buitenlandse markten altijd met hun omgeving te spelen in plaats van speelbal te zijn van diezelfde omgeving (en daarin plaatshebbende ontwikkelingen). Alleen dan kan het 'spel van zet en tegenzet' (concurrentie) naar de hand worden gezet. Het resultaat: marktleiderschap en marge-optimalisatie.

Tijdens het onderzoek werd veel gesproken over het opereren in een internationale omgeving en daarin plaatshebbende ontwikkelingen en wat daarvan de gevolgen (kunnen) zijn voor het functioneren van individuele Nederlandse ondernemingen. Het betreft hier dus feitelijk het 'decor' waartegen het 'spel van zet en tegenzet' om de gunst van de buitenlandse klant plaatsheeft.

Voor een beter begrip van dit decor werd stilgestaan bij enkele belangrijke 'externe omgevingen'. Bijvoorbeeld: welke nieuwe 'mondiale economische orde' gaat er ontstaan en wat zijn daarvan de implicaties voor bedrijfstakken, individuele ondernemingen en besluitvormers. Wat zijn de gevolgen voor Nederlandse ondernemingen van mondiale blokvorming (i.e., de Europese Unie, Nafta, Asean en Mercosur), de voortgaande verruiming van de Europese Unie, de bepaald niet soepel verlopende besluitvorming in het kader van de Wereldhandelsorganisatie (WTO) en het toenemende belang van het Europese mededingingsbeleid (vanuit 'Brussel')? Deze en vele andere vragen en dimensies van de externe omgeving van internationaal actieve Nederlandse ondernemingen zijn uitvoerig aan de orde gekomen.

Zonder meer dominant aanwezig was het onderwerp 'de maatschappelijke omgeving van ondernemingen' en hoe daar als Nederlandse onderneming adequaat op in te spelen. De (lokale c.q. buitenlandse) maatschappelijke omgeving van internationaal actieve Nederlandse ondernemingen is door de jaren heen steeds belangrijker geworden. Zonder een goed inzicht in hoe tegen internationaal actieve Nederlandse c.q. 'buitenlandse' ondernemingen wordt aangekeken, zal beduidend minder effectief in grote delen van de wereld geopereerd kunnen worden. In sommige landen worden 'buitenlandse' - ook Nederlandse - ondernemingen argwanend bekeken, terwijl in andere landen als het ware 'de rode loper' wordt uitgelegd. Het spreekt voor zich dat dit van grote invloed is op het functioneren van internationaal actieve Nederlandse ondernemingen.

De wereld lijkt volgens onze interviewees sinds enkele jaren in toenemende mate in de ban te zijn van 'maatschappelijk verantwoord ondernemen' (MVO) - ook wel 'duurzaam ondernemen' (DO) genoemd. De omvangrijke debacles in de Verenigde Staten, de bakermat van het moderne kapitalisme, en de brede belangstelling voor zaken als milieu, mens en meerwaarde - zaken die het welzijn van burgers direct beïnvloeden - hebben geleid tot een stormvloed aan goede bedoelingen.

De internationaal best presterende Nederlandse ondernemingen beseffen terdege dat good practices per definitie best practices zijn. Veel internationaal actieve Nederlandse ondernemingen laten om diezelfde reden door onafhankelijke - soms wetenschappelijke - instituten internationale Codes of Conduct - 'internationale gedragsregels' - opstellen. Vooral ondernemingen met veel internationaal verspreide dochtermaatschappijen hebben baat bij dergelijke, dikwijls formele regels hoe met elkaar en andere (buitenlandse) belanghebbenden van de onderneming om te gaan. Internationaal actieve Nederlandse ondernemingen die expliciete internationale gedragsregels hebben laten volgens dit onderzoek een relatief betere financiële performance in termen van brutobedrijfsresultaat zien.

Internationaal actieve Nederlandse ondernemingen timmeren wat betreft het belangrijke onderwerp MVO hard aan de weg. Van de in dit onderzoek bestudeerde 288 ondernemingen beschikte inmiddels reeds 34 procent over een internationale gedragscode, terwijl van het grootbedrijf meer dan de helft actief was op het terrein van de Duurzaamheidsverslaggeving. Al eenderde van de bestudeerde Nederlandse ondernemingen met een internationale code/verslag laat haar code en/of verslag door externe partijen verifiëren. Internationaal MVO heeft een vaste plek op de bestuursagenda gekregen. Volgens de geïnterviewden raakt het onderwerp de "internationale strategie van een onderneming meer dan ooit".

Eveneens is gebleken dat acties van zogenaamde 'antiglobalisten' - tegenstanders van de mondiale economische integratie - nauwelijks van invloed zijn op de bereidheid van internationaal actieve Nederlandse ondernemingen Maatschappelijk Verantwoord te Ondernemen en wel in de vorm van internationale gedragscodes en/of Duurzaamheidsverslagen. MVO - in welk land dan ook - is een serieus onderwerp met ingrijpende gevolgen voor alle internationaliserende Nederlandse ondernemingen.

Keren we terug naar de feiten, dan kunnen we stellen dat vooral directeuren en managers van wat grotere internationaliserende Nederlandse ondernemingen het tot hun kerntaak rekenen op een weloverwogen manier met het onderwerp MVO om te gaan. Ongeveer 75 procent van de 'grootbedrijf-interviewees' is van mening dat internationale gedragscodes een positieve bijdrage leveren aan een betere economische performance. MVO is dus goed voor de bottom-line van een internationaal actieve onderneming.

Succesvolle Nederlandse exporterende dan wel direct in het buitenland investerende ondernemingen beseffen terdege dat MVO in en met de maatschappij vormgegeven moet worden. Uiteindelijk staat of valt de maatschappelijke legitimiteit van een onderneming met de kwaliteit van de dialoog met de samenleving.

Door een brede en actieve dialoog met de lokale, buitenlandse politiek en andere stakeholders zijn met name de wat grotere Nederlandse ondernemingen gemiddeld genomen sensitief voor hun lokale buitenlandse omgeving. Dergelijke ondernemingen hebben dan ook het door westerse ondernemingen zo bewierookte systeem van 'Confrontatie en Competitie' vervangen door 'Consultatie en Cooperatie' - twee volstrekt andere Cs. De maatschappelijke dialoog van dergelijke Nederlandse ondernemingen wordt met name gevoed door het woord 'Overtuigen' in plaats van het woord 'Opleggen'.

Het is zaak keuzes te maken, weloverwogen keuzes, temeer daar veel dimensies van MVO als communicerende vaten met elkaar samenhangen. Het draait uiteindelijk om samenhang en evenwichtigheid. MVO - vooral in een mondialiserende omgeving - vergt een integrale in plaats van een partiële benadering. Ook veel Nederlandse ondernemingen hebben wat dit belangrijke onderwerp betreft nog een lange winderige weg te gaan.

Zo heeft bijvoorbeeld IHC Caland ervaren hoe belangrijk een goed voorbereid internationaal MVO-beleid is. Toen IHC Caland enkele jaren geleden vanwege 'Birma' de wind van voren kreeg van allerlei - overigens nogal primair en eenzijdig reagerende - maatschappelijk geëngageerde organisaties, was in ieder geval één ding overduidelijk: IHC Caland had de complexiteit van de MVO-materie onderschat.

Internationaal actieve Nederlandse ondernemers weten wel hoe de klok erbij hangt, maar hebben soms moeite de klepel te vinden. Een gewaarschuwd Nederlands ondernemer telt internationaal voor twee - vooral wat betreft de bananenschil MVO.

In Nederland staat Koninklijke Shell wat het onderwerp internationaal MVO betreft in positief opzicht op eenzame hoogte. De voorbeeldfunctie van Shell begint inmiddels aan te slaan. Volledigheidshalve: Shell heeft alleen al in het jaar 2000 106 contracten met internationale partners en twee joint ventures beëindigd, omdat de activiteiten van de partners niet strookten met Shell's uitgangspunten over internationaal MVO.

Internationaal actieve Nederlandse ondernemingen bestaan bij de gratie van klanten. De 'license to act successfully' met klanten wordt medebepaald door het maatschappelijk-ethisch bewustwordingsvermogen van bestuurders en managers - van hoog tot laag in de internationaal actieve onderneming. Ook de buitenlandse klant is in de informatiemaatschappij niet langer onwetend, want hij/zij wordt op allerlei manieren gevoed met relevante 'maatschappelijke' feiten die de aanwezigheid van 'buitenlandse' ondernemingen kan frustreren.

Het complexe van internationaal MVO is dat het internationale speelveld aan uitdagingen louter en alleen uit dilemma's bestaat. Absoluut goed dan wel absoluut fout gedrag bestaat bijvoorbeeld niet. Wat in het ene land acceptabel is, is in het andere land strikt verboden. De vrij vertaalde rode draad door veel commentaren was niettemin: ethiek is een essentiële metgezel van een manager/ondernemer met eer.

De meest succesvolle internationaal actieve Nederlandse ondernemingen hebben een sterke identiteit, hetgeen aangeeft dat die ondernemingen op hun eigen manier handen en voeten hebben gegeven aan de relatie met 'de maatschappelijke omgeving'. Ze hebben zich juist door hun intensieve dialoog met die buitenlandse omgeving in de loop der tijd aan die maatschappelijke omgeving aangepast.

De verwachting is dat MVO in toenemende mate verplicht wordt gesteld - ook op verafgelegen buitenlandse markten. Het zal naar alle waarschijnlijkheid niet lang meer duren dat internationaal actieve ondernemingen verplicht zullen worden hun prestaties op het terrein van MVO te verantwoorden. Er wordt in dit verband op internationaal niveau in het kader van het Global Reporting Initiative intensief overleg gevoerd over het samenstellen van een internationale standaard voor MVO en de daarmee gepaard gaande verslaglegging en -geving.

Markten met producten en prijzen worden in toenemende mate vervangen door markten van ervaringen, belevenissen en publieke en persoonlijke opvattingen. Alleen al daarom zullen internationaal actieve Nederlandse ondernemingen een vinger aan de pols genaamd MVO moeten houden. Als u goed zorgt voor uw internationale reputatie, zorgt uw internationale reputatie goed voor u.

4.3 Thema 2 - De politieke omgeving

De positie van het Nederlandse bedrijfsleven op buitenlandse markten wordt niet alleen beïnvloed door het maatschappelijke en macro-economische klimaat, maar ook door het door de overheid gevoerde exportbeleid c.q. het handelspolitieke beleid.

De positie van Nederlandse ondernemingen op buitenlandse markten heeft een significante invloed op de welvaart in Nederland. De factor politiek vertaalt vervolgens die welvaart in welzijn. 'Nederland' verdient meer dan de helft van haar Bruto Nationaal Product over de grenzen en ongeveer één op de drie arbeidsplaatsen is op de een of andere manier gerelateerd aan export dan wel internationalisatie van Nederlandse ondernemingen.

Het handhaven dan wel verbeteren van het 'Nederlandse marktaandeel op buitenlandse markten' is voor Nederland een belangrijk gegeven. Het voeren van een nauw daarop afgestemd overheidsbeleid is volgens de voor dit onderzoek benaderde directeuren en managers een belangrijke zaak. De klassieke handelsbevordering is altijd gericht geweest op het verlenen van voorlichting, bemiddeling en promotie ten behoeve van het exporterende en internationaliserende Nederlandse bedrijfsleven.

Ook voor veel andere landen is internationaal zakendoen de kurk van welvaart en welzijn. Landen als België, Zweden en Zwitserland zijn in sterke mate afhankelijk van het reilen en zeilen van 'hun' ondernemingen in het buitenland. Ook buiten Nederland staat het onderwerp 'internationaal ondernemen' voortdurend in het centrum van de politieke en macro-economische beschouwingen. In vrijwel alle landen zijn ministeries bezig om hun eigen bedrijfsleven internationaal een steuntje in de rug te bieden. Vaak betreft het hier 'exportstimuleringsregelingen' met als doel de export een impuls te geven.

In Nederland houdt met name het ministerie van Economische Zaken zich bezig met dergelijke vormen van steun. Verschillende daarvan deel uitmakende instanties als bijvoorbeeld 'Senter' houden zich bezig met het coördineren en uitvoeren van verschillende vormen van subsidie en steunverlening. Op die manier wordt een level playing field gerealiseerd, zodat Nederlandse ondernemingen op verschillende buitenlandse productmarkten op gelijke voet met andere 'buitenlandse' ondernemingen kunnen concurreren.

De tussen ondernemingen gevoerde internationale concurrentiestrijd om marge en marktaandeel is met andere woorden ook een concurrentiestrijd geworden tussen landen om export- en overige steun. Door overheden ontwikkelde exportinstrumenten en - programma's leveren voor sommige individuele ondernemingen een belangrijke bijdrage aan het al dan niet verkrijgen van buitenlandse orders. Daarbij wordt het optuigen van complexe financiële constructies niet uit de weg gegaan, vooral als het gaat om de werkgelegenheid van (veel) nationale ingezetenen in zwakke dan wel kwetsbare bedrijfstakken.

Naast nationale regelingen en subsidie-instrumenten bestaan er ook verschillende Europese en multilaterale regelingen, programma's en instrumenten die de internationaal actieve Nederlandse ondernemer kunnen ondersteunen bij het bereiken van haar doelstellingen. "Een goede voorbereiding sorteert ook op dit terrein positieve effecten", aldus een directeur van een middelgroot kapitaalgoederenbedrijf. Dat betekent een weloverwogen oriëntatie op het "woud aan nationale en internationale steunmaatregelen, programma's en instrumenten, maar ook de veelheid aan exportbevorderingsorganisaties", zoals iemand anders opmerkte.

In Nederland is er vanaf het begin van de jaren negentig een ontwikkeling gaande waarbij men vooral de betrokkenheid van middelgrote en kleinere ondernemingen bij met name de export wenst te vergroten. Dat blijkt geen eenvoudige opgave te zijn. Daarover zijn de afgelopen jaren de nodige studies verschenen. Veel kleine en middelgrote ondernemingen hebben vaak "internationale drempelvrees", zoals iemand stelde. Er is volgens anderen "onvoldoende managementtijd beschikbaar", "onvoldoende kennis over buitenlandse productmarkten aanwezig" en "betrouwbare zakenpartners als distributeurs zijn niet te vinden dan wel op één hand te tellen".

Veel kleine en middelgrote ondernemingen blijken dikwijls de nodige ervaring te missen om van internationaal ondernemen een succes te maken. Voorts worden kleine en middelgrote ondernemingen vaak "gefrustreerd" (zoals iemand zei) door de "moeilijk inschatbare financiële risico's van het grensoverschrijdend opereren" en de "kosten die zijn gemoeid met het exporteren en internationaliseren".

Dat neemt niet weg dat er in buitenlandse markten aantrekkelijke kansen zijn voor kleine en middelgrote Nederlandse ondernemingen. Sinds enkele jaren wordt geprobeerd op een structurele manier inzicht te krijgen in de kansen en mogelijkheden van het exporterende midden- en kleinbedrijf. In het kader van dergelijke analyses zijn nieuwe steunmaatregelen ontwikkeld, speciaal gericht op het midden- en kleinbedrijf. Daarnaast wordt geprobeerd de samenwerking tussen overheid en bedrijfsleven structureel te verbeteren. Verschillende exportbevorderingsorganisaties als Fenedex, NCH en NEC maar ook banken als ABN AMRO spelen in dit verband een belangrijke faciliterende rol.

In ons onderzoek werd voortdurend gewezen op de eminente noodzaak het door de Nederlandse overheid gevoerde exportbevorderingsbeleid "beter te coördineren". Het voeren van een kwalitatief hoogwaardig en harmonieus buitenland-/exportbeleid blijkt een opgave van jewelste te zijn doch volgens de direct betrokkenen - de Nederlandse ondernemers - "hoogst noodzakelijk".

27

Ook andere landen kampen overigens met de voornoemde coördinatieproblematiek. "Juist om die reden zullen we als Nederland de handen ineen moeten slaan", zei een topmanager van een van Neerlands grootste exporteurs.

Succesvol internationaal ondernemen begint met een goede voorbereiding en daarvoor is relevante, actuele en betrouwbare informatie benodigd. Het is volgens dit onderzoek tegen deze achtergrond verstandig bij exportbevorderingsorganisaties om raad te vragen. Organisaties en instellingen die de moeite van het contacten volgens de geïnterviewde managers/ondernemers meer dan waard zijn, zijn in het bijzonder (in willekeurige volgorde): (1) de Kamers van Koophandel, (2) (eigen) banken/financiële dienstverleners en (3) Fenedex. Andere genoemde informatiekanalen zijn onder meer de EVD, Nederlandse ambassades in het buitenland, (eigen) branche-organisaties, NCH en NEC.

In de Nederlandse praktijk wordt het 'bevorderingsnetwerk' van publieke- en private organisaties door allerlei politieke, strategische en financiële belangen overeind gehouden. Volgens de interviewees hebben die organisaties een "belangrijke informerende en stimulerende rol" te spelen. Zonder meer opvallend was dat tijdens de interviews gemiddeld 15 procent van de tijd aan dit onderwerp werd besteed (...) De handels- en exportbevorderingsorganisaties leveren met andere woorden een belangrijke bijdrage aan het beter beslagen ten ijs komen van Nederlandse ondernemingen in het buitenland.

4.4 Thema 3 - De juridisering van de omgeving

De juridische dimensie van internationaal zakendoen wordt steeds belangrijker. Nederlandse ondernemers en managers zijn zich overigens in toenemende mate bewust van de vergaande gevolgen van de buitenlandse 'juridische omgeving' waarin wordt geopereerd. Een Nederlandse general manager van een Zuidamerikaanse dochtermaatschappij zei het (illustratief) als volgt: "In verschillende landen is dit wellicht de belangrijkste succesfactor. Op het eerste gezicht een niet-business gerelateerde factor. Het probleem is vaak dat de juridische dimensie van internationaal zakendoen wordt onderschat. Dat heeft niet in het minst te maken met het feit dat de ondernemer op dit terrein vaak niet deskundig is. Voordat je het weet zijn dan de rapen gaar."

Iedere internationaal actieve Nederlandse onderneming wordt met doorgaans heel specifieke juridische aspecten geconfronteerd. Zoals iedere 'omgeving' is ook de juridische omgeving verantwoordelijk voor uiteenlopende 'bedreigingen' maar ook een baaierd aan mogelijkheden waar internationaal actieve ondernemingen van kunnen profiteren.

De juridische omgeving bestaat uit uiteenlopende dimensies. Zo zijn er verschillende nationale en transnationale instanties die hun juridische invloed kunnen laten gelden. Daarbij valt te denken aan de lokale (buitenlandse) wetgeving, maar ook aan transnationale wetgeving die wordt opgelegd door organisaties als de VN, WTO en de Europese Commissie. Lokale en transnationale wetten werken niet zelden op een verschillende manier in op het functioneren van internationaal actieve ondernemingen.

Zo blijkt '9-11' een lange schaduw te hebben. Sinds 11 september 2001 stelt de Amerikaanse overheid strengere regels aan de in- en uitvoer van goederen. Exporteurs, importeurs en expediteurs kunnen daar op verschillende manieren mee worden geconfronteerd. In de praktijk betekenen deze regels een intenser vooroverleg tussen een bedrijf en Amerikaanse douaneambtenaren, verscherpte controles bij de Amerikaanse douane en het overdragen van gedetailleerde gegevens aan Amerikaanse douaneambtenaren.

Ook transnationale wetgeving heeft volgens verschillende ondernemingen belangrijke gevolgen voor met name internationaal opererende ondernemingen. De 'E-Commerce Richtlijn' van de Europese Commissie beïnvloedt bijvoorbeeld het gedrag van sommige internationaliserende ondernemingen ingrijpend.

Een van de belangrijkste internationaal ondertekende zakelijke contractuele documenten is de zogenaamde 'letter of intent' - de 'intentie' om akkoord te gaan met een afspraak. "Een bron van ellende", zoals een in China actieve Nederlandse multinational liet doorschemeren. Een 'letter of intent' geeft in de kern weer "hoe de vlag erbij hangt. Daarmee hebben we ons verschillende malen op glas ijs gewaagd", aldus een exportmanager van een Nederlandse handelsonderneming.

De 'letter of intent' kan namelijk tot veel problemen leiden, met name als de onderhandelingen voor het effectueren van een 'definitieve' overeenkomst worden afgebroken. Opvallend veel kleine en middelgrote Nederlandse ondernemingen denken 'in den vreemde' dat het hier om een 'vrijblijvend document' gaat zonder juridische consequenties. Niets is doorgaans minder waar.

In de meeste landen is een 'letter of intent' gewoon rechtsgeldig en daarmee bindend voor de bij de zakelijke besprekingen betrokken partijen. De 'intentie' is in veel landen een inherent onderdeel van de 'deal'. Het hangt van de specifieke onderhandelingssituatie, het specifieke wereldeel c.q. land, de toepassingsgerichtheid, gedetailleerdheid en duidelijkheid van de verklaring af of en zo ja, in hoeverre, de intentieverklaring rechtsgeldig is.

In met name niet-Europese landen kan een en ander tot groot onbegrip - en daarmee problemen - leiden. Verschillende interviewees wezen wat dat betreft met name op cultuurvreemde regio's als Zuid-Amerika, Voor-Azië en het Verre Oosten. Veel Nederlandse ondernemingen vinden de 'letter of intent' de bananenschil bij uitstek van internationaal ondernemen. 'Etnocentrisme' is zoals zo vaak de grote boosdoener. De leiding van een internationaal actieve Nederlandse onderneming heeft vooral behoefte aan een 'polycentrische' of 'geocentrische' managementoriëntatie.

Een bijzonder juridisch onderwerp van aandacht is de '(product)aansprakelijkheid'. Dit onderwerp luistert met name in Noord-Amerika nauw, zo werd keer op keer benadrukt. Een Nederlandse onderneming die in de Verenigde Staten een product in het verkeer brengt is 'aansprakelijk', ook als hem feitelijk geen verwijt van de onveiligheid van de desbetreffende goederen valt te maken - een risico dat Nederlandse ondernemers overigens ook in toenemende mate ervaren in Europa in het algemeen en de EU-landen in het bijzonder.

Het internationale aansprakelijkheidsvraagstuk betreft vele terreinen en dit is niet de ideale plaats om over dit onderwerp uitvoerig uit te wijden. Interessant is wel de relatie met het eerste thema te benadrukken: maatschappelijk verantwoord ondernemen. Het gaat namelijk bij 'productaansprakelijkheid' niet louter en alleen om risico-aansprakelijkheid maar eerst en vooral om de maatschappelijke verantwoordelijkheid die (buitenlandse) ondernemingen jegens hun (buitenlandse) omgeving hebben. Internationaal actieve Nederlandse ondernemingen worden in toenemende mate langs juridische weg op hun buitenlandse maatschappelijke verantwoordelijkheid gewezen. Thema 1 en thema 3 versterken elkaar dus in belangrijke mate. De 'maatschappelijke maatstaf' wordt allengs belangrijker.

Verschillende zakenpartners afkomstig uit verschillende delen van de wereld hebben niet zelden conflicten over de interpretatie van contracten. 'Interpretatieverschillen' hangen vaak samen met 'communicatieproblemen'. De praktijk - en tegelijkertijd het 'probleem' - is dan dat de lokale wetgever uitsluitsel moeten geven. Nederlandse ondernemingen actief in bijvoorbeeld Peru vallen onder het juridische regime van Peru. Internationaliserende ondernemingen zullen hier op voorbereid dienen te zijn. Het kan namelijk in bepaalde gevallen om omvangrijke lokale buitenlandse investeringen gaan die het voortbestaan van de internationaal actieve onderneming kunnen beïnvloeden. De uitkomst van een juridisch geschil kan met andere woorden ingrijpende consequenties hebben. Sommige Nederlandse kapitaalgoederenfabrikanten hebben wat dit onderwerp betreft in onder meer Zuid-Amerika en Voor-Azië de nodige littekens opgelopen.

In sommige gevallen kan overigens 'internationale arbitrage' uitkomst bieden. Bij arbitrage wordt er recht gesproken door particulieren, zogenaamde 'arbiters'. Het betreft bij internationale arbitrage een bindende uitspraak inzake een geschil tussen twee dan wel meerdere partijen. De particulieren in kwestie, de arbiters, zijn vakinhoudelijke specialisten. Zij worden dan ook juist om die reden gemobiliseerd. Hoger beroep naar aanleiding van een arbitrage-uitspraak is vaak niet mogelijk en in de praktijk van het internationale zakenleven ongebruikelijk. Verschillende Nederlandse ondernemingen zijn van mening dat internationale arbitrage de nodige voordelen heeft: "De bij een conflict betrokken partijen doorlopen een procedure die vaak kort maar krachtig is. Op deze manier wordt de kogel snel door de kerk gejaagd en kunnen we de ondernemende draad weer snel oppakken".

Overigens accepteren niet alle landen de uitspraak van een arbitrage-college dan wel -instelling. Het verdient dan ook aanbeveling inzake deze vorm van 'knopen doorhakken' van hoogwaardige arbitrage-instituten als de Internationale Kamer van Koophandel te Parijs, de London Court of International Arbitration dan wel de Kamers van Koophandel van Zürich respectievelijk Stockholm gebruik te maken.

De beste bescherming tegen juridische risico's biedt uiteindelijk een "contract waarover goed wordt nagedacht", aldus een general manager. Het blijkt namelijk vaak complex om vanuit Nederland in het buitenland 'je gelijk te halen' (en te krijgen). In het kader van een gedegen voorbereiding verdienen volgens de geïnterviewde Nederlandse ondernemers in het bijzonder de 'algemene voorwaarden' en het 'eigendomsbehoud' de nodige aandacht. Organisaties als Fenedex en ABN AMRO kunnen wat dat betreft dienst doen als productieve 'sparringspartners'.

4.5 Thema 4 - Internet

Internationaal actieve ondernemingen opereren in een omgeving die gekenmerkt wordt door een steeds hogere technologische intensiteit. Met name de opkomst van internet heeft ingrijpende gevolgen voor het internationaal zakendoen. Ook internet heeft er in belangrijke mate toe bijgedragen dat de concurrentiestrijd 'grensloos' en daardoor 'grenzeloos' is geworden.

De technologische omgeving van internationaliserende ondernemingen is volgens veel Nederlandse ondernemingen van "steeds groter belang voor het succesvol internationaliseren". Vooral de dynamische connotatie van deze uitspraak is in het oog springend. Dat de technologische omgeving ertoe heeft bijgedragen dat de wereld is 'gekrompen' spreekt enigszins voor zich. De geografische afstand van Nederland tot een willekeurig ander land mag dan wel hetzelfde zijn gebleven, de 'psychologische afstand' is door de introductie van nieuwe technologieën als internet ingrijpend verminderd.

Deze trendmatige ontwikkeling zal grote gevolgen hebben voor de geografische richting waarin door Nederlandse ondernemingen wordt geïnternationaliseerd. Exotische markten zullen om die reden (thans en) in de naaste en verre toekomst eerder worden bewerkt. De interviewees waren in dit kader vooral overtuigd van de faciliterende meerwaarde van internet. Dankzij internet zal niet alleen meer zaken worden gedaan met verderafgelegen buitenlandse markten, maar zullen ook huidige bedrijfsprocessen (denk bijvoorbeeld aan administratieve handelingen) soepeler en dus sneller doorlopen kunnen worden. Dat maakt het onderwerp internet tegelijkertijd zo belangrijk - het raakt zowel het primaire als het secundaire (lees: ondersteunende) bedrijfsproces. Daarmee beïnvloedt internet zowel de kosten- als de opbrengstendimensie van de marge.

De opkomst van internet en de mogelijkheden om internet als internationaal bedrijfsinstrument te gebruiken spreken tot de verbeelding van veel geïnterviewde ondernemers van in het bijzonder middelgrote en grote ondernemingen. Zowel industriële als dienstenondernemingen zijn dan ook druk met dit onderwerp in de weer. Internet is - zo valt te beluisteren - de dominante factor in de technologische omgeving van ondernemingen die internationaal verder de boer op willen gaan.

Volgens sommige directeuren, general managers en exportmanagers is het vandaag de dag al menens: "zonder een duidelijke 'kijk op' internet en de toegevoegde waarde daarvan voor internationaal ondernemen hebben Nederlandse ondernemingen weinig op het internationale toneel te zoeken". Iemand anders zei het als volgt: "Internet is een belangrijk onderdeel van de 'internationale rugzak' van een ondernemer".

Internet biedt internationaal actieve Nederlandse ondernemingen (letterlijk) 'onbegrensde' mogelijkheden die tegelijkertijd fundamentele bedreigingen zijn (de succesfactor internet is daarmee tevens een majeure faalfactor):

- Doordat het aanbod van producten dankzij internet wordt vergroot - internet ruimt immers (veel) geografische en informatiebelemmeringen op - zal de prijs van die producten ceterus paribus lager worden. De concurrentiestrijd tussen Nederlandse en lokaal actieve buitenlandse ondernemingen om de gunst van de lokale klant zal daardoor feller worden en in toenemende mate aan de hand van de factor prijs worden beslecht. Ergo: margeverkrapping. De opkomst van prijsvergelijkende zoekrobots op internet wakkert de lokale prijsconcurrentiestrijd door het vergelijkbaar maken van goederen en diensten alleen maar aan. De lokale buitenlandse klant houdt immers niet van prijsverschillen en zal vrijwel altijd kiezen voor hetzelfde maar dan wel het laagstgeprijsde product. Daarmee wordt de buitenlandse concurrentiestrijd steeds efficiënter. 'De markt' (het aanbod) wordt namelijk transparanter. Vooral de wat grotere Nederlandse goederenondernemingen die opereren in B2B-sectoren gaan hiervan het eerst de 'lusten' dan wel 'lasten' ondervinden.

- Buitenlandse klanten kunnen dankzij internet bij meerdere potentiële toeleveranciers uit meerdere landen precies aangeven waar men behoefte aan heeft. De leverancier - lees: de Nederlandse onderneming - probeert uiteindelijk via een (vooral prijs)biedingsproces (onder meer de 'elektronische veiling') de klant te voorzien van het gewenste product. De Nederlandse leverancier danst dus 'dankzij' internet in het ritme van de buitenlandse klant. De onderhandelingsmacht van de buitenlandse (online) klant is daardoor aanmerkelijk toegenomen. Hij beslist aan de hand van één druk op de knop welke 'buitenlandse' aanbieder het wordt. Internationaal ondernemen is daarmee fundamenteel aan het veranderen. Veel Nederlandse directeuren en managers geven aan "nog niet klaar te zijn voor dergelijke ontwikkelingen". Iemand stelde (gelukkig niet alleen): "De enorme impact is ons echter absoluut duidelijk". Een andere directeur was sceptischer: "Wij zijn als leidinggevenden in een ander era 'groot' geworden. Het belang van internet voor internationaal zakendoen geeft alleen maar aan dat we veel behoefte hebben aan nieuwe vaardigheden en jong, internationaal georiënteerd talent".

- De Nederlandse toeleverancier wordt door internet gedwongen onmiddelijk te reageren op de daadwerkelijke buitenlandse vraag naar een specifiek product (met name in een B2B bedrijfscontext). Te laat reageren dan wel een product met een week vertraging opleveren is er derhalve niet meer bij. De lokale buitenlandse afnemer wil (en kan) hier (online) over geïnformeerd worden. Het internationaal inkopen van producten bij Nederlandse toeleveranciers wordt dan ook in toenemende mate 'elektronisch inkopen' ofwel eProcurement. De boodschap is niettemin klip-en-klaar: de buitenlandse klant is niet langer koning maar dictator.

Internet biedt ondernemingen met grensoverschrijdende ambities veel kansen, maar net zoveel bedreigingen. Daarvoor zijn vaardigheden benodigd. Dergelijke vaardigheden zijn vaak niet van vandaag op morgen te leren, laat staan succesvol te vercommercialiseren. De informatierevolutie en internet vormen twee zijden van de medaille genaamd 'innovatief internationaal ondernemen'. Veel Nederlandse ondernemingen uit met name het midden- en kleinbedrijf hebben wat dit belangrijke onderwerp betreft nog veel 'huiswerk' te maken.

4.6 Resumerend

De externe omgeving van een internationaal actieve onderneming bestaat uit vele, dikwijls sterk van elkaar verschillende variabelen.

In eerste instantie is de aantrekkelijkheid van een lokale buitenlandse markt van belang. Hoe ontvankelijk is die lokale markt voor bijvoorbeeld geëxporteerde producten en valt er dan voor de exporterende onderneming een aantrekkelijke marge te realiseren of niet? Leidt internationalisatie naar een gegeven buitenlandse markt tot duurzame voordelen in termen van aantrekkelijke marktaandelen? Een gedegen analyse van het winstgevendheidspotentieel van een gegeven buitenlandse markt is altijd een noodzakelijkheid (en geen vrijblijvende 'mogelijkheid').

Variabelen als (de aantrekkelijkheid van) de maatschappelijke, politieke, juridische en technologische infrastructuur zullen om die reden goed bestudeerd moeten worden. Deze factoren kunnen het verschil betekenen tussen een verliesgevende en een winstgevende exploitatie, ongeacht of er nu sprake is van directe dan wel indirecte export respectievelijk directe buitenlandse investeringen in de vorm van greenfield investments, samenwerkingsverbanden en/of acquisities. Maatschappelijke, politieke, juridische en technologische omgevingen worden volgens de hier bestudeerde ondernemingen steeds belangrijkere succesfactoren.

Internationaliserende Nederlandse ondernemingen moeten bij voorkeur een nauwkeurige op de externe omgeving toegepaste 'baten/lasten'-analyse uitvoeren. Zonder een doorwrochte externe analyse zal internationaal ondernemen op z'n best een tijdelijk doch voorbijgaand succes zijn.

5 DE INTERNATIONALE BELEIDSVORMING

5.1 Algemeen

Het formuleren van een internationaal ondernemingsbeleid is belangrijk. Juist dan kan namelijk geanticipeerd worden op het 'internationale avontuur' en alles 'wat komen gaat'.

Gedurende het internationale beleidsvormingsproces moeten de belangrijkste internationale ambities geëxpliciteerd en aan het papier worden toevertrouwd. Voorts moet een onderneming aangeven hoe deze ambities handen en voeten te geven. Ook moet in dit stadium van het internationalisatieproces worden vastgelegd op welke product-marktcombinaties de onderneming zich in eerste aanleg wil gaan toeleggen. Tijdens het internationale beleidsvormingsproces worden dus de te ondernemen internationale inspanningen geprioriteerd en op een rij gezet. Op zich lijkt dit begrijpelijk, want de middelen om van internationaal ondernemen een succes te maken zijn niet onbegrensd. De praktijk blijkt weleens anders te zijn.

Tijdens ons onderzoek werden we met name geconfronteerd met de volgende vier thema's die betrekking hebben op het formuleren van het internationale ondernemingsbeleid (in willekeurige volgorde): (1) het (al dan niet) beschikken over een expliciete internationale visie, (2) de toenemende noodzaak van grensoverschrijdende samenwerking, (3) het ontwikkelen van een effectieve concurrentiestrategie en (4) de steeds sterker gevoelde behoefte aan 'global sourcing'.

5.2 Thema 1 - Een internationale visie

Internationaal actieve ondernemingen willen bepaalde (vaak zeer specifieke) internationale doelstellingen realiseren. Daarbij kan een onderscheid worden gemaakt naar verschillende soorten doelstellingen:
• Elementaire doelstellingen ('hogere doelen') met een lange termijn toepassingsbereik die direct betrekking hebben op de continuïteit van een onderneming en mede vormgeven aan de aard van die onderneming (ook wel 'visie' genoemd).

- Kwalitatieve en kwantitatieve doelstellingen die vooral betrekking hebben op de korte- en middellange termijn (en in de regel per jaar variëren afhankelijk van de jaarlijkse ambities van een onderneming).

Tussen deze doelstellingen bestaat een nauw onderling verband. Leidend voor bijna alle internationaal actieve Nederlandse ondernemingen blijkt het woord 'visie' te zijn - het 'hogere doel' dat wordt nagestreefd. Middels kwalitatieve en kwantitatieve doelstellingen wordt een internationale visie concreet en haalbaar gemaakt.

'Visie' is volgens diverse interviewees een uiterst belangrijk onderwerp. Een internationale ondernemingsvisie geeft richting aan de koers die Nederlandse ondernemingen moeten volgen. "En dat is belangrijk gezien de onzekerheden waar Nederlandse ondernemingen in het buitenland mee worden geconfronteerd", aldus een general manager van een grote Nederlandse dienstverlener. Andere managers benadrukten het belang van een internationale ondernemingsvisie en wel in termen van 'stuwende kracht': "Het hebben van een internationale visie is belangrijk, want zonder visie heeft onze onderneming geen stuwende kracht".

Een internationale visie van een internationaal actieve onderneming is in de praktijk een 'aantrekkelijk plaatje' van datgene wat die onderneming in de toekomst 'hoopt te worden'. Een internationale visie lieert dus de individuele inspanningen van binnen- en buitenlandse managers en medewerkers aan een toekomstig 'hoger doel'. Volgens sommigen: "een 'veeleisend doch haalbaar' en op feiten gebaseerd doel".

Volgens de geïnterviewde directeuren, general managers en exportmanagers moet een internationale visie van een onderneming:
- 'inspirerend zijn' (want managers en medewerkers moeten worden aangezet tot "het verzetten van bergen werk")
- 'richtinggevend zijn' (want een 'aantrekkelijk plaatje' schetsen van hoe de internationaal actieve onderneming er in de toekomst 'uit moet gaan zien')
- 'gedeeld worden' (de gezamenlijke inspanningen moeten ertoe leiden dat de internationale visie handen en voeten wordt gegeven).

Internationale visies zijn er in alle soorten en maten. De hier bestudeerde ondernemingen maakten gebruik van twee soorten visies: 'organische' visies of 'economische' visies. Organische visies worden gekenmerkt door het feit dat ze vaak holistisch ('veelomvattend') van aard zijn. Dergelijke visies zijn vaak een symbiose van 'opvattingen', 'vaardigheden' en 'aspiraties' van de oprichter van een internationaal actieve onderneming dan wel een dominant leider respectievelijk de 'dominante coalitie' in de leiding van een onderneming.

Uit dit onderzoek is naar voren gekomen dat dergelijke organische visies vaak zijn ingebed in sterke gedeelde waarden en normen. Organische internationale visies hebben vaak een lange tijdshorizon (ze zijn niet zelden een jaar of tien richtinggevend voor een internationaal opererende onderneming). In het internationale zakenleven vinden we dergelijke internationale visies vooral bij kleine en middelgrote ondernemingen. Uit het onderzoek is gebleken dat de meeste Nederlandse ondernemingen met een internationale visie (zie ook verderop deze paragraaf) over een organische visie beschikken (ongeveer tweederde van alle aangetroffen internationale visies was organisch van aard).

Naast organische visies kunnen 'economische' visies worden onderscheiden. Economische visies zijn veel concreter dan organische visies. Dergelijke visies worden gekenmerkt door het feit dat 'winstgevendheid' en 'omzet' niet zelden expliciet in de internationale visie worden genoemd als zijnde de belangrijkste internationale stuwende krachten van een onderneming.

Economische visies zijn vaak kwantitatiever dan organische visies, hebben een kortere tijdshorizon (ze zijn vaak enkele jaren de stuwende kracht van een internationaal actieve onderneming), en worden vooral geadopteerd door het Nederlandse grootbedrijf. Opvallend aan internationaal actieve Nederlandse ondernemingen met een economische visie is dat leidinggevende managers als general managers en exportmanagers regelmatig van buiten worden aangetrokken (dus niet altijd zelf worden opgeleid). Verder hebben deze ondernemingen de neiging vaker langs de weg van de internationale acquisities en grensoverschrijdende samenwerkingsverbanden te groeien: 'anorganische' in plaats van 'organische' internationale groei. Nederlandse ondernemingen met een organische visie groeien doorgaans langs de weg van de autonome groei en leiden hun senior management zoveel mogelijk zelf op. Zij maken in relatief opzicht ook vaker gebruik van export als internationalisatiestrategie. Dit waren boeiende bevindingen.

Minstens zo boeiend was het feit dat (veel te) veel Nederlandse ondernemingen een 'stuwende kracht' in de vorm van een internationale visie dienden te ontberen. Sterker: slechts eenvijfde van de interviewees was in staat de internationale visie van de eigen onderneming ter plekke (tijdens het interview) te reproduceren. De totaalscore kwam - door het aan de interviewer toezenden van de wel aanwezige internationale visies - uiteindelijk uit op ongeveer 35 procent. Ruim eenderde van de internationaal actieve Nederlandse ondernemingen beschikt over een expliciete internationale visie: een geformaliseerde internationale ambitie.

Wellicht nog opmerkelijker was de stelling dat het "hebben van een internationale visie" door ruim eenvijfde van alle interviewees als "de belangrijkste internationale succesfactor" werd gekwalificeerd (in totaal zijn twaalf dominante succes- en faalfactoren c.q. thema's gekwalificeerd).

Het hebben van internationale ambities is toe te juichen, maar vereist wel een daarop toegesneden internationale ondernemingsvisie: een dynamische, geëxpliciteerde en geambieerde toekomstige realiteit. Een internationale visie geeft houvast bij het kiezen van het land, de regio dan wel het werelddeel waarin een onderneming (versneld) wenst te expanderen. Een internationale visie fungeert als een kompas: het geeft geografisch richting aan de ondernemingsinspanningen.

Uiteindelijk is een internationale visie de kurk waarop internationaal actieve Nederlandse ondernemingen drijven. Zonder een internationale visie leidt zelfs de grootste Nederlandse multinational schipbreuk.

5.3 Thema 2 - Grensoverschrijdende samenwerking

Wijlen prof. dr. drs. A. Dreesmann, ex-bestuursvoorzitter van Vendex International en een van Neerlands grootste ondernemers, noemde het vroeger eens een 'zwaktebod', maar de meeste geïnterviewde grote, middelgrote en kleine Nederlandse ondernemingen zweren erbij: allianties. Allianties tussen Nederlandse en buitenlandse ondernemingen kunnen om die reden vandaag de dag met toenemende regelmaat worden aangetroffen.

Er zijn bedrijfstakken waar veel grensoverschrijdende allianties voorkomen. Voorbeelden bij uitstek zijn de telecommunicatie-industrie, de biotechnologie, de automobiel (onderdelen) industrie en de (micro-)electronica. Andere bedrijfstakken waarin met toenemende regelmaat nieuwe grensoverschrijdende allianties geformeerd worden zijn de oliewinning, de chemische industrie, de machinebouw en de basismetaalindustrie. Ook binnen veel dienstensectoren is grensoverschrijdende samenwerking aan de orde van de dag. Opvallend is dat het vaak gaat om turbulente bedrijfstakken die gekenmerkt worden door grote risico's en onzekerheden.

Uit dit onderzoek blijkt dat het Nederlandse bedrijfsleven nogal wat aspiraties koestert met betrekking tot het formeren van grensoverschrijdende allianties. De gedachte wint hoe langer hoe meer veld dat de voordelen die met een fusie of acquisitie te bereiken zijn, ook via een samenwerkingsverband bereikt kunnen worden. Ergo: vrijwel alle internationaal actieve Nederlandse ondernemingen zijn de afgelopen jaren verworden tot een schakel van een grote keten van ondernemingen: toeleveranciers, concurrenten ('concullega's') en afnemers.

Internationale allianties kunnen als doel hebben een product te genereren ten behoeve van de lokale buitenlandse afzetmarkt. In dat geval kunnen we van 'productgeoriënteerde internationale allianties' spreken. "Wij maken als onderneming in toenemende mate van dergelijke samenwerkingsverbanden gebruik", aldus een exporteur van kapitaalgoederen. "Een groot deel van het finale product exporteren we naar de afzetmarkt. Onze partner ter plekke assembleert en voegt waarde toe door haar goede contacten met zowel de afzetmarkt als de lokale politiek. In dit soort landen [i.e., het betrof India; PKJ] is dat uitermate belangrijk. En minstens zo belangrijk: we zijn daardoor zeer succesvol". Opmerkelijk veel geïnterviewde directeuren en managers benadrukten vooral het toenemende belang van dit soort internationale samenwerkingsverbanden, door iemand een "intelligente manier van internationaal ondernemen" genoemd.

Sommige vormen van internationale samenwerking worden echter opgestart om 'iets' - bijvoorbeeld een bepaalde manier van marktbewerking - onder de knie te krijgen. Een lokale buitenlandse partner uit met name een 'exotisch' land kan een Nederlandse onderneming leren hoe die exotische markt te bewerken. "Juist om deze reden alliëren wij met een Braziliaanse partner", aldus een Nederlandse fabrikant van een high-tech product. "Het technologische verhaal hoeven ze ons niet meer uit te leggen, dat begrijpen we inmiddels zelf wel. De Braziliaanse markt is voor ons echter een groot vraagteken. In de directie spreken we bovendien geen van allen Portugees en hebben we weinig culturele affiniteit met zakendoen in dit soort landen. Maar ja, de afzetmarkt is voor ons gewoon erg aantrekkelijk. Het potentieel van die markt is gigantisch. Daar zul je als onderneming toch eens aan moeten beginnen. Onze partner helpt ons buiten de technologie zo'n beetje met alles. Zonder een partner lukt hier niets". Dit commentaar is illustratief voor veel andere zogenaamde 'procesgerichte internationale allianties'.

De 288 op deze plaats bestudeerde ondernemingen beschikten in het voorjaar van 2003 over tenminste 2,500 in de vorm van 'joint ventures' gegoten internationale allianties. Joint ventures zijn zogenaamde 'equity-based alliances'. Dergelijke samenwerkingsverbanden worden vooral gekenmerkt door het eigen aandelenkapitaal en de intieme en sterk interactieve contacten tussen de bij een joint venture betrokken partners. Het zijn complexe vormen van inter-organisatorische samenwerking die door schrijver dezes om die reden ook wel 'joint adventures' worden genoemd.

Van de eerdergenoemde internationale joint ventures is driekwart product- en eenkwart procesgeoriënteerd. De tweede variant wordt in vergelijking tot de eerste variant overigens vaker aangetroffen in cultuurvreemde regio's als Zuid-Amerika, het Midden-Oosten, Voor-Azië en het Verre Oosten. Hoe groter de culturele afstand tussen landen, des te groter de waarschijnlijkheid procesgerichte vormen van samenwerking aan te treffen.

Grensoverschrijdende vormen van samenwerking "zullen in de toekomst steeds belangrijker worden", aldus een directeur van een middelgroot dienstverlenend bedrijf. "Op deze wijze zijn we in staat op de buitenlandse afzetmarkt een sterkere positie in te nemen". "We kunnen via samenwerking met een lokale partneronderneming beter onze technologische reputatie exploiteren", aldus een general manager. "Zij leveren de markttoegang, wij de technologie".

Uit het onderzoek is duidelijk naar voren gekomen dat steeds meer Nederlandse ondernemingen heel bewust van alliantes gebruik maken om langs die weg hun lokale buitenlandse concurrentiepositie te verbeteren. Daarbij wordt door ongeveer 80 procent 'horizontaal' samengewerkt, terwijl ongeveer 20 procent een voorkeur heeft voor 'vertikale' vormen van samenwerking.

Horizontale internationale samenwerking vindt plaats op één niveau van de bedrijfskolom of tussen vergelijkbare niveaus van meerdere bedrijfskolommen. Het gezamenlijk verrichten van onderzoek en het gezamenlijk produceren van nieuwe producten en technologieën zijn voorbeelden van horizontale alliantes. Ook het gezamenlijk marketen, distribueren en/of servicen van producten kunnen ondernemingen via horizontale internationale alliantes vorm geven.

Vertikale internationale alliantes zijn opgezet door ondernemingen in opeenvolgende niveaus van de bedrijfskolom. Het gaat hier feitelijk om een vorm van quasi-integratie. Het uitwisselen van kennis inzake het ontwikkelen van bepaalde producten kan in deze opvatting geruild worden tegen bijvoorbeeld kennis inzake het hoe van het op grote schaal produceren van de desbetreffende producten.

Horizontale vormen van internationale samenwerking waren dominant onder zowel kleine, middelgrote als grote ondernemingen. Het merendeel van de grensoverschrijdende alliantes wordt met een of meer horizontaal verwante partners aangegaan (en wel ongeacht het werelddeel van opereren).

Enige terughoudendheid is overigens wel op zijn plaats. Dat heeft in sterke mate te maken met de relatief 'instabiele' aard van veel grensoverschrijdende samenwerkingsverbanden. Door de vele belangen en invloeden die op internationale allianties inwerken, zijn allianties inherent instabiele organisatievormen. Enkele invloeden die hiervoor verantwoordelijk zijn, zijn volgens de interviewees: "veranderingen bij en tussen de partners", "veranderingen tussen de partners en de alliantie", "turbulentie in de omgeving van de alliantie" en "afstemmingsproblemen binnen de alliantie vanwege de gedeelde besluitvorming".

Instabiliteit wordt vaak gezien als een teken van falen. Bij empirisch onderzoek wordt instabiliteit regelmatig gebruikt als maatstaf voor de performance van een alliantie. Instabiliteit hoeft echter niet altijd als falen geïnterpreteerd te worden. Als de vooraf bepaalde doelstelling is bereikt, is het mogelijk de internationale alliantie op te heffen en kan men - ongeacht de mate van instabiliteit - spreken van een succes.

Kortheidshalve: internationale allianties vormen een uniek middel om Nederlandse ondernemingen in een unieke positie vis-à-vis derden te manoeuvreren. Nederlandse ondernemingen zoeken steeds vaker hun toevlucht tot internationale allianties om toegang te krijgen tot een compensatorische productiefactor die ze zelf niet of niet voldoende bezitten. Nederlandse ondernemingen kunnen in dit verband op zoek zijn naar complementaire of overeenkomstige (im)materiële activa. Via een alliantie kan een onderneming een concurrentievoordeel genereren, gebaseerd op de onderscheidende competenties van de participerende partijen. Op deze wijze kan een Nederlandse onderneming beter tegemoetkomen aan de 'kritische succesfactoren' van de lokale buitenlandse afzetmarkt.

Waar grensoverschrijdende fusies en acquisities veelal tijdrovend en kostbaar zijn - om nog maar te zwijgen over de complexiteit, intensiteit en diversiteit van integratieproblemen - daar zijn allianties minder 'onherroepelijk' (in de zin van het vastleggen van financiële en andere middelen). Een internationale alliantie is in vergelijking tot een fusie dan wel acquisitie minder resoluut van aard en om deze reden voor veel Nederlandse ondernemingen een aantrekkelijke flexibele internationale expansiestrategie.

Het aangaan van internationale allianties (in allerlei hoedanigheden) is een nieuwe manier om de concurrentiële vitaliteit te waarborgen dan wel te vergroten. De onderlinge internationale verwevenheid van kleine, middelgrote en grote Nederlandse industriële en dienstenondernemingen en buitenlandse ondernemingen neemt hierdoor in snel tempo toe.

5.4 Thema 3 - Een effectieve concurrentiestrategie

Internationaal actieve ondernemingen zullen op een gegeven manier het 'spel van zet en tegenzet' (i.e. 'concurrentie') naar hun hand dienen te zetten. Daarbij kunnen ondernemingen van verschillende concurrentiebenaderingswijzen gebruik maken.

Uit ons onderzoek is naar voren gekomen dat internationaal actieve Nederlandse ondernemingen een keuze maken uit de navolgende drie concurrentiestrategieën:

- concurreren op basis van lage kosten
- concurreren met behulp van 'toegevoegde waarde'
- concurreren aan de hand van innovativiteit (in de meest brede zin van het woord).

Nederlandse ondernemingen blijken een duidelijke voorkeur te hebben voor de lagekostenstrategie (ruim 65 procent) en - in mindere mate - de 'toegevoegde waarde'-strategie (ongeveer 25 procent). Slechts 10 procent van de internationaal actieve Nederlandse ondernemingen maakt actief gebruik van de innovatiestrategie om de lokale buitenlandse concurrentiestrijd naar de hand te zetten.

Opmerkelijk is dat deze verdeling dwars door de driedeling 'klein, middelgroot en groot' en de tweedeling 'industriële en dienstenondernemingen' heen loopt. Interessant is verder dat Nederlandse ondernemingen in hoogontwikkelde markten (denk aan EU-landen, Japan en Noord-Amerika) relatief vaker met de lagekostenstrategie concurreren. Er lijkt volgens de interviewees een ontwikkeling te zijn waarbij "We [i.e., Nederland; PKJ] steeds vaker gedwongen worden om met de lagekostenstrategie te concurreren".

"We [i.e., Nederland; PKJ] gaan het daardoor de komende jaren steeds moeilijker krijgen. We hebben ons de afgelopen jaren internationaal ronduit uit de markt geprijsd. De loonontwikkeling van de afgelopen jaren is fnuikend geweest voor onze buitenlandse concurrentiepositie", aldus een producent van kapitaalgoederen. "We zijn de afgelopen jaren veel te gemakzuchtig geworden. We denken dat we er met een goed verkoopverhaal wel komen, maar we hebben de fundamenten van ons vernieuwend vermogen te laat en - erger - onvoldoende verbeterd. Ik ben somber gestemd over het internationale concurrentievermogen van het Nederlandse bedrijfsleven". Dit citaat zijn we in vele vormen opmerkelijk vaak tegengekomen. Het zet zonder meer aan tot denken.

Het formuleren van een effectieve concurrentiestrategie is een van de belangrijkste succes- en faalfactoren van internationaal ondernemen. Via een concurrentiestrategie profileert en positioneert een onderneming zich op een gegeven manier op een gegeven buitenlandse markt. Een concurrentiestrategie is dus medeverantwoordelijk voor het imago van een onderneming.

Zoals eerder gesteld kunnen Nederlandse ondernemingen zich op buitenlandse markten op drie verschillende manieren profileren en positioneren, namelijk via lage kosten, toegevoegde waarde en innovativiteit.

1 De lagekostenstrategie

Internationale concurrentiestrategieën moeten volgens sommige Nederlandse ondernemingen vooral gekenmerkt worden door standaardisatie van producten en processen en daaruit voortvloeiende lage kosten. De vanwege technologische en communicatie-ontwikkelingen teweeggebrachte mondiale homogenisering onder de behoeften van afnemers (zowel bedrijven als consumenten), schreeuwt volgens deze ondernemingen om de productie van gestandaardiseerde producten en processen.

Bij de strategie van standaardisatie gaat het om het tegen zo laag mogelijke kosten aanbieden van een goed dan wel dienst. In dat geval is integraal lagekostenmanagement van groot belang. Alle activiteiten in het bedrijfssysteem (van R&D en productie tot marketing en verkoop) moeten zo goedkoop mogelijk worden uitgevoerd. Alleen dan is een onderneming in staat producten tegen de laagste prijs (want laagste kosten) in een gegeven buitenlandse markt af te zetten.

Interessant is dat naarmate de homogene afzetmarkt groter is het loont de schaal waarop geopereerd wordt te vergroten. Schaalvergroting leidt immers tot lagere gemiddelde kosten per eenheid geproduceerd product. Dit gegeven verklaart waarom sommige Nederlandse ondernemingen in sommige bedrijfstakken (met name industriële sectoren) en landen (denk aan de Verenigde Staten) zo snel mogelijk willen groeien.

Ondernemingen als grote kapitaalgoederenfabrikanten en electronicafabrikanten (her)alloceren regelmatig hun activiteiten op een dusdanige manier over de aardbol dat zoveel mogelijk van comparatieve kostenvoordelen wordt geprofiteerd. Dit stelt dergelijke ondernemingen in staat tegen zo laag mogelijke kosten te concurreren. Dit verschijnsel wordt ook wel 'global sourcing' genoemd. We komen daar verder in dit hoofdstuk op terug.

2 De 'toegevoegde waarde'-strategie

Nederlandse ondernemingen kunnen internationaal ook op basis van 'toegevoegde waarde' concurreren. In dat geval wordt tegemoet gekomen aan andere dan lageprijsbehoeften van buitenlandse afnemers. In sommige bedrijfstakken (denk met name aan bepaalde dienstensectoren) draait het niet louter om het verkopen van laaggeprijsde producten, maar dient er vooral 'toegevoegde waarde' gerealiseerd te worden in de vorm van bijvoorbeeld service of merkbeleving.

Het creëren van 'toegevoegde waarde' is geen eenvoudige opgave. 'Toegevoegde waarde'-strategieën in de vorm van additionele dienstverlening dan wel merkbeleving worden in sommige bedrijfstakken steeds belangrijker. De dienstencomponent van de bedrijfsvoering in bijvoorbeeld kapitaalgoederenindustrieën wordt van steeds groter belang. Het draait in dat geval niet alleen meer om het louter tegen een lage prijs ter beschikking stellen van een product. Het toenemende belang van dienstverlening is hieraan debet.

3 De op innovativiteit gebaseerde concurrentiestrategie

Gedurende het onderzoek is regelmatig gewezen op het doorslaggevende belang van innovativiteit, bijvoorbeeld in de vorm van product- en procesvernieuwing. De chemische industrie en de aan de kapitaalgoederenindustrie toeleverende sectoren houden zich eigenlijk al decennialang bezig met het formuleren en uitvoeren van innovatieve internationale concurrentiestrategieën.

De economische krachtsverhoudingen tussen (maar ook binnen) de Verenigde Staten, Europa en Azië zijn de afgelopen twee decennia ingrijpend gewijzigd. Door het mondiaal verspreiden van managementtalent, kennis en product- en procestechnologieën is het uitvinden van producten en processen niet langer voorbehouden aan Amerikanen en Europeanen, het commercialiseren niet langer voorbehouden aan Amerikanen en Europeanen en het - enigszins oneerbiedig genoemde - kopiëren en produceren niet langer het handelsmerk van de Aziaten (in het algemeen en Chinezen en Japanners in het bijzonder). Het karakter van de internationale concurrentiestrijd welke op lokale buitenlandse markten wordt uitgevochten is daardoor ingrijpend gewijzigd. Nederlandse ondernemingen gaan hier niet zelden onder gebukt. "Door alleen op lagekosten te concurreren gaan we het de komende jaren niet redden. Het is wat dat betreft vijf minuten voor twaalf", aldus een lid van de raad van bestuur van een grote multinational.

Internationaal actieve ondernemingen die succesvol gebruik maken van innovativiteit als internationale concurrentiestrategie worden gekenmerkt door:

1. Men heeft de beschikking over een expliciete 'innovatievisie'. Dergelijke ondernemingen hebben duidelijke ambities en aspiraties met betrekking tot innovativiteit geformuleerd. Innovativiteit wordt daardoor de kurk waarop dergelijke internationaal actieve ondernemingen drijven.

2. Er wordt veel aandacht gereserveerd voor het ontwikkelen en managen van het innovatieproces. Innovatie is uiteindelijk een continu en systematisch proces, niet een eenmalige gebeurtenis. Dat vergt veel betrokkenheid, zowel in termen van financiële middelen als 'human resources'.

3. Innovatieve ondernemingen institutionaliseren innovativiteit in hun bedrijfsculturen. Internationaal actieve ondernemingen die succesvol concurreren op basis van innovativiteit hebben de juiste 'innovatieve voedingsbodem'.

4. Internationaal actieve ondernemingen die gebruik maken van innovativiteit als concurrentiewapen 'benchmarken' hun prestaties op allerlei gebieden voortdurend met (in) directe concurrenten en andere marktpartijen zolang er maar geleerd wordt hoe een product dan wel proces innovatiever gemaakt kan worden.

5. Innovatieve ondernemingen worden geleid door topmanagers die 'geloven' in innovativiteit. Dit 'geloof' is niet willekeurig. Dit 'geloof in innovativiteit' sijpelt voortdurend door in allerlei strategische en operationele beslissingen op allerlei hiërarchische niveaus.

6. Internationale innovators hebben de beschikking over hoogwaardige commerciële vaardigheden. Sterker nog: de kracht van de relatie 'innovativiteit-commercialiteit' bepaalt uiteindelijk hoe succesvol een internationaal actieve onderneming zal zijn.

7. Innovatieve ondernemingen hebben een expliciete focus op de klant - zowel in het buitenland als het binnenland. Internationaal actieve ondernemingen die op een succesvolle manier een innovatieconcurrentiestrategie toepassen zijn zich terdege bewust dat de klant het begin- en eindpunt is, niet een product dan wel proces - hoe innovatief dan ook!

8. Internationaal actieve ondernemingen met een succesvolle innovatieconcurrentiestrategie maken zonder uitzondering gebruik van een team approach. Het team, niet de (individuele) briljante techneut of marketeer, is de 'held' binnen dergelijke ondernemingen.

De interne omgeving binnen innovatieve ondernemingen is dan ook overdreven ingesteld op interactiviteit en 'kruisbestuiving'.

Opvallend is dat Nederlandse ondernemingen zelden de drie bovengenoemde internationale concurrentiestrategieën op een harmonieuze manier weten te combineren. In de praktijk van het internationaal zakendoen blijken de drie manieren van internationaal concurreren voor een groot deel wederzijds uitsluitend te zijn. De leiding van een internationaal actieve onderneming zal dan ook uitvoerig stil moeten blijven staan bij de keuze van welke internationale concurrentiestrategie gebruik te maken. Het is het een of het ander.

5.5 Thema 4 - 'Global sourcing'

In februari 1994 werden de resultaten van een studie ('Weglekkende industrieplaatsen') van het EIM (Economisch Instituut voor het Midden- en Kleinbedrijf) gepresenteerd. Uit deze studie kwam naar voren dat bijna 20 procent van het Nederlandse industriële bedrijfsleven van mening was dat er tussen 1994 en 1997 in toenemende mate in het buitenland geproduceerd diende te worden. Als voornaamste motief voor het eventueel verplaatsen van de productie noemden de ondernemers niet de loonkosten, maar de grotere afzetmogelijkheden en de behoefte om dichter bij hun klanten te zitten.

Na de wens om dichter bij afzetmarkten te produceren, speelden op de tweede plaats lagere inkoop- en loonkosten een rol bij eventuele verplaatsing van productie naar het buitenland. Nederlandse toeleveranciers en arbeidskrachten werden eenvoudigweg als 'te duur' ervaren. Bedrijven die (een deel) van hun productie wensten te verplaatsen hadden daarbij verschillende regio's op het oog. Verhoudingsgewijs werden echter vaak Oost-Europa (22 procent) en het Verre Oosten (19 procent) genoemd. Het onderzoek was uitgevoerd onder een representatieve groep van 200 Nederlandse industriële ondernemingen. Uit het onderzoek viel af te leiden dat Nederland de aankomende jaren rekening moest houden met het verlies van vele tienduizenden arbeidsplaatsen - met name in de industriële sectoren.

Nog geen jaar later kwam een onderzoek van de combinatie Fenedex en Vrije Universiteit (VU) tot een soortgelijke conclusie: bijna twee van de vijf door Fenedex/VU onderzochte Nederlandse ondernemingen overwogen binnen vijf jaar een gedeelte van de activiteiten naar het buitenland te verplaatsen. De belangrijkste oorzaken: kostenvermindering en de mogelijkheid voor een mondiale aanpak door het wegvallen van nationale grenzen. De eerste oorzaak was verreweg het belangrijkst: voor 80 procent van alle ondervraagde ondernemingen was kostenverlaging het belangrijkste motief voor eventuele migratieplannen.

Het Fenedex/VU-onderzoek was gebaseerd op 202 bedrijven waarvan 126 uit de industrie en 76 uit de dienstensectoren. De studie was ronduit somber voor vooral de Nederlandse industrie: 38 procent van de bedrijven in productiesectoren overwoog de productie te verplaatsen, terwijl 25 procent van de bedrijven in de dienstverlenende sectoren overwoog productie/backofficeactiviteiten naar het buitenland over te brengen. Van de gebieden waarnaartoe Nederlandse bedrijven hun activiteiten wilden verplaatsen, scoorden West-Europa (21 procent), Oost-Europa (21 procent) en Azië (13 procent) het hoogst.

In april 2002 werd door Deloitte & Touche een onderzoeksrapport vrijgegeven. Volgens dit rapport was 20 procent van de grotere productiebedrijven voornemens binnen twee jaar 'een aanzienlijk deel' van hun productie naar het buitenland over te hevelen. Hierdoor zouden ongeveer 200,000 banen gevaar lopen. Opvallend aan dit onderzoek was dat 62 procent van de onderzochte ondernemingen (in totaal 234 ondernemingen met meer dan 50 werknemers) van mening was dat ook de kennisintensieve research & development activiteiten door lagelonenlanden in Oost-Europa en Azië overgenomen zouden worden.

Het fenomeen waarover we hier spreken wordt wel 'global sourcing' genoemd. 'Global sourcing' staat voor een ontwikkeling waarbij een onderneming niet-lokaal gebonden bedrijfsprocessen en -activiteiten verplaatst naar die delen van de wereld waar kosten en toegevoegde waarde het meest gunstig zijn.

Gedurende het door ons verrichte onderzoek werden ook wij voortdurend geconfronteerd met het verschijnsel 'global sourcing'. Nogmaals enkele cijfers - Ongeveer tweederde van de industriële ondernemingen 'was er reeds mee bezig' (in woorden - qua studie - dan wel daden - in de praktijk). Voor die ondernemingen bleek Oost-Europa verreweg het aantrekkelijkst: bijna 70 procent vond de Oosteuropese regio het best geëquipeerd voor lokale R&D dan wel productieactiviteiten en dan met name in termen van de (aantrekkelijke) verhouding lage (vooral arbeids- en fysieke vestigingsplaats-) kosten en toegevoegde waarde (in termen van doorgaans prima tot hoogopgeleide medewerkers en leidinggevenden). Het feit dat verschillende Oosteuropese landen op korte dan wel middellangetermijn toetreden tot de Europese Unie blijkt hun aantrekkelijkheid alleen maar te vergroten - zo viel eveneens te beluisteren.

Ook Azië werd herhaaldelijk genoemd (25 procent). Vooral de aantrekkelijkheid van China is in het oog springend: 19 procent van alle geïnterviewde industriële ondernemingen is dusdanig gecharmeerd van de Chinese markt dat men bereid is de komende jaren R&D- dan wel productievestigingen vanuit Nederland "over te hevelen naar deze snelgroeiende en daardoor uiterst aantrekkelijke markt met een ook voor de komende decennia gigantisch groeipotentieel". Het Amerikaanse continent (dus zowel Noord- als Zuid-Amerika) blijkt daarentegen weinig aantrekkingskracht te hebben. 'Go East' lijkt weleens het exclusieve credo te zijn.

'Global sourcing' beperkt zich overigens niet tot Nederlandse productieondernemingen. Van alle dienstenondernemingen 'oriënteerde' ongeveer 25 procent zich serieus op het verplaatsen van bepaalde (in het bijzonder administratieve) activiteiten naar goedkoopetegebieden (het vaakst werden Oost-Europa - 60 procent - en Voor-Azië - 22 procent - genoemd). Zeven procent was hiermee al druk doende (qua voorbereiding dan wel uitvoering).

'Global sourcing' blijkt in de praktijk veel gezichten te hebben. Uit dit onderzoek is gebleken dat het voor steeds meer internationaal actieve Nederlandse ondernemingen van groot belang is de meest arbeidsintensieve schakels in andere landen dan Nederland (lees: 'in ontwikkeling zijnde' landen) onder te brengen. Veel Nederlandse ondernemingen brengen om die reden momenteel in sneltreinvaart hun productieactiviteiten onder in (lagelonen)landen als China, Tsjechië en Polen. Dit proces lijkt in een stroomversnelling te zijn geraakt.

Weer andere ondernemingen zijn in sterke mate afhankelijk van hoogwaardige kennis. Er lijkt een resolute trend te zijn ingezet waarbij ook kennisintensieve activiteiten op de nominatie staan verplaatst te worden naar andere delen van de wereld: de 'nieuwe economieën'. Ook in dit verband valt steeds vaker de naam van China. Ergo: opkomende economieën zullen in de naaste en verre toekomst een bom zijn onder de Nederlandse werkgelegenheid. Die bom tikt volgens ons onderzoek inmiddels al enige tijd stug door.

5.6 Resumerend

Nederlandse ondernemingen zullen tijdens het formuleren van het internationale ondernemingsbeleid zorgvuldig te werk moeten gaan. Het verdient aanbeveling internationale ambities op een weloverwogen manier te bediscussiëren en te verankeren in een internationale visie die vervolgens leidend is voor allerlei operationele handelingen die 'ter plekke' moeten worden uitgevoerd om de concurrentiestrijd op een lokale buitenlandse markt naar de hand te zetten.

Zonder een goed uitgekristalliseerd internationaal ondernemingsbeleid kan een Nederlandse onderneming op een gegeven buitenlandse markt zich nimmer blijvend succesvol positioneren en profileren. Het expliciteren van de internationale concurrentiestrategie, het overdenken van productieve samenwerkingsverbanden met buitenlandse toeleveranciers, concurrenten, afnemers en andere stakeholders (denk bijvoorbeeld aan de factor 'politiek') alsmede het al dan niet (her)alloceren van activiteiten over verschillende landen dan wel werelddelen vormt het hart van de internationale beleidsvorming.

6 DE INTERNATIONALE BELEIDSUITVOERING

6.1 Algemeen

Internationaliserende Nederlandse ondernemingen zullen zich niet aan de in 'stap twee' geformuleerde ambities en strategieën dienen te vertillen. Het internationaliserende bedrijf moet gedecideerd tot internationaal ondernemen overgaan en vooral een goed onderbouwd 'internationaal strijdplan' volgen.

Teveel Nederlandse ondernemingen hebben nog steeds de neiging opportunistisch met de geformaliseerde internationale ambities om te gaan, niet beseffende dat een internationaal 'strijdplan' vaak een complex geïntegreerd geheel is. Het veranderen van de ambities en doelstellingen leidt tot majeure veranderingen in ondernemings- en concurrentiestrategieën en daarbijhorende middelen - met alle consequenties van dien. Een goed internationaal strijd- annex beleidsplan is een kwetsbaar evenwicht tussen ambities, keuzes en middelen.

Internationale uitdagingen zullen niettemin volhardend 'te lijf' moeten worden gegaan, keuzes zullen van a tot en met z uitgevoerd dienen te worden en internationaliserende ondernemingen zullen nauwkeurig toezicht moeten houden op de ter beschikking staande middelen. Het verdient aanbeveling weloverwogen te budgetteren en dat met de vinger blijvend aan de financiële en 'menselijke' pols.

'Onze' directeuren, general managers en exportmanagers waren uitgesproken over de belangrijkste succes- en faalfactoren met betrekking tot de internationale beleidsuitvoering. De volgende drie voortdurend terugkomende thema's werden als de belangrijkste succesvoorwaarden voor het daadwerkelijk internationaal ondernemen gezien (in willekeurige volgorde): (1) het beschikken over het juiste internationale businessmodel, (2) het voeren van een hoogwaardig internationaal HRM-beleid en (3) een gedegen 'cultuurmanagement'.

6.2 Thema 1 - Een adequaat internationaal businessmodel

Ondernemingen maken deel uit van een bedrijfstak - een optelsom van ondernemingen die met overeenkomstige producten (goederen/diensten) op een overeenkomstige manier concurreren om de gunst van de klant. Sommige bedrijfstakken zijn 'mondiaal' van aard, terwijl andere bedrijfstakken 'lokaal' van karakter zijn. Sommige bedrijfstakken 'migreren' van louter 'lokale' naar 'mondiale' bedrijfstakken.

Een 'mondiale' bedrijfstak is een bedrijfstak waarin hoofdzakelijk mondiaal actieve ondernemingen opereren. Voor ondernemingen in mondiale bedrijfstakken is het 'internationaal actief zijn' een noodzakelijke voorwaarde om te kunnen overleven. Sommige ondernemingen die dit niet dan wel te laat doorhebben staan met één been in het faillissement.

Een 'mondiale' bedrijfstak is een bedrijfstak waarin een concurrentievoordeel wordt gerealiseerd door over landsgrenzen heen te profiteren van 'comparatieve voordelen', 'economies of scale', 'economies of scope' en/of 'economies of skills' (zie het kader 'Verschillende internationalisatievoordelen'). Ondernemingen zullen dan wel hun bedrijfssysteem zodanig geïntegreerd en georganiseerd dienen te hebben dat zij daadwerkelijk kunnen profiteren van de voornoemde voordelen.

Verschillende internationalisatievoordelen

Comparatieve voordelen
'Comparatieve voordelen' zijn structurele voordelen die toe te wijzen zijn aan institutionele factoren van of in bepaalde landen. Sommige landen hebben bijvoorbeeld een comparatief voordeel op het gebied van lage arbeidskosten. Andere landen hebben (vis-à-vis derde landen) een comparatief voordeel in termen van technologische innovativiteit. Sommige landen hebben een comparatief voordeel op het gebied van arbeidsproductiviteit. Weer andere landen hebben een comparatief voordeel op het gebied van goedkope, doch zeer hoogwaardige kennis op het terrein van informatica et cetera.

Economies of scale
'Economies of scale' zijn schaalvoordelen die worden behaald bij vergroting van de productie van goederen dan wel diensten. Schaalvergroting impliceert dat bij het vergroten van de productie de gemiddelde kosten om die productie te genereren (dus de kosten per geproduceerd product) naar beneden gaan. In sommige bedrijfstakken is internationale schaalvergroting van individuele ondernemingen een

noodzakelijke voorwaarde om als onderneming te kunnen overleven. Opvallend is dat internationale schaalvergroting vaak geen noodzakelijke voorwaarde is in dienstensectoren. Diensten worden immers vaak op een specifieke plaats in een 'intieme' omgeving (een één-op-één relatie) geproduceerd (en geconsumeerd). In het internationale bedrijfsleven zijn vooral industriële sectoren gevoelig voor het internationale schaalvergrotingsargument.

Economies of scope
'Economies of scope' hebben betrekking op 'omvangsvoordelen'. Zij zijn met name het resultaat van de multi-inzetbaarheid van productiemiddelen (als machines) en vaardigheden (als managementvaardigheden) in meerdere geografische ontwikkelingsrichtingen. Zo kan bijvoorbeeld een internationaliserende onderneming in Nederland draaiende machines gebruiken voor het in het buitenland produceren van overeenkomstige typen producten.

Economies of skills
'Economies of skills' worden gerealiseerd door het efficiënt en effectief inzetten van vaardigheden ('skills') van managers en medewerkers van een internationaal actieve onderneming. Een goede manager functioneert wellicht niet alleen op de Nederlandse markt goed, maar zou in de praktijk eveneens de scepter kunnen zwaaien over de activiteiten in andere landen.

De leiding van een internationaal actieve onderneming moet zich te allen tijde afvragen of zij te maken heeft met een 'mondiale' bedrijfstak, een 'mondialiserende' bedrijfstak (ofwel een bedrijfstak 'op weg naar .....') dan wel een 'multi-nationale' c.q. een 'lokale' bedrijfstak. "We vergeten weleens dat het uiteindelijk de bedrijfstak is, welke verantwoordelijk is voor ons inkomen, en niet het macro-economisch klimaat of andere moeilijk direct beïnvloedbare omgevingsfactoren", zo vatte een directeur de veelvuldig gevoerde 'bedrijfstakdiscussie' samen.

Concurreren in 'mondiale' bedrijfstakken vergt namelijk een geheel andere benadering dan concurreren in 'multi-nationale' bedrijfstakken. Een onderneming in een 'mondiale' bedrijfstak legt de nadruk op het goed op elkaar afstemmen van de verschillende, internationaal ontplooide activiteiten (R&D, productie, distributie, marketing en dergelijke). Die coördinatie dient uiteindelijk tot een concurrentievoordeel te leiden. Dat betekent ook dat de in verschillende landen actieve dochtermaatschappijen in de regel van elkaar afhankelijk zijn: het functioneren van de ene dochtermaatschappij beïnvloedt het functioneren van de andere dochtermaatschappij. Dochtermaatschappijen hebben bij dergelijke ondernemingen vaak 'rollen' in het internationaal verspreide systeem van dochtermaatschappijen.

In 'multi-nationale' (lokale) bedrijfstakken is het doorgaans aanbevelenswaardig sterk gedecentraliseerde, op het niveau van een specifiek land georganiseerde bedrijfssystemen te hebben. Anders gezegd: alle activiteiten worden zoveel mogelijk lokaal uitgevoerd. Een dergelijke internationaal actieve onderneming wordt dan ook geleid als ware het een portfolio aan dochtermaatschappijen die hun eigen lokale/nationale strategie mogen bedenken en uitvoeren. Internationaal verspreide dochtermaatschappijen functioneren in dit model (relatief) onafhankelijk van elkaar. Er is geen dan wel weinig sprake van onderlinge afstemming. De te voeren concurrentiestrategie is in sterke mate afhankelijk van lokale c.q. nationale omstandigheden.

Bedrijfstakken kunnen dus gekarakteriseerd worden aan de hand van een spectrum dat loopt van puur lokaal tot puur mondiaal (zie het kader 'Mondiale, mondialiserende en multi-nationale bedrijfstakken'). In het eerste geval worden de concurrentievoordelen aan de lokale omstandigheden ontleend. In het laatste geval is het belangrijk de activiteiten van een onderneming op een effectieve en efficiënte manier over verschillende landsgrenzen heen te organiseren een goed op elkaar af te stemmen.

Mondiale, mondialiserende en multi-nationale bedrijfstakken

'Multi-nationale' bedrijfstakken:
Brouwerijen
Bouw
Makelaardij
HR consultants
Retailbanking
Verzekeringen

'Mondialiserende' bedrijfstakken:
Medische instrumenten
Entertainment
Kapitaalgoederen
Kledingproductie
Wholesale banking
Chemische sector

'Mondiale' bedrijfstakken:
Autoproductie
Electronica
Computers
Software
Strategie consultants
Investment banking
Grondwerkmachines

Sommige bedrijfstakken bivakkeren tussen multi-nationale en mondiale bedrijfstakken in maar ontwikkelen zich langzaam maar zeker tot mondiale bedrijfstakken. Uit ons onderzoek is gebleken dat het overgrote deel van de geïnterviewde ondernemingen in 'multi-nationale' (45 procent) dan wel 'mondialiserende' (32 procent) bedrijfstakken opereert. 23 procent van de onderzoekspopulatie opereerde in 'mondiale' bedrijfstakken.

'Multi-nationale' bedrijfstakken hebben specifieke kenmerken. Zo is er vaak een nogal gefragmenteerd klantenpotentieel aanwezig: klanten hebben sterk verschillende voorkeuren en smaken. Verder zijn schaalvoordelen in de regel niet te behalen. Kleinschaligheid is troef. Het merendeel van de buitenlandse concurrenten is louter lokaal actief. Nederlandse ondernemingen die in dergelijke buitenlandse bedrijfstakken opereren zijn succesvol als ze zich goed aan de lokale omstandigheden weten aan te passen. Weinig internationaal actieve Nederlandse ondernemingen hebben overigens (naar eigen zeggen) een uitmuntende 'landgerichte strategie'.

Voor 'mondiale' bedrijfstakken geldt eenzelfde redenering: de specifieke kenmerken van 'mondiale' bedrijfstakken zijn uiteindelijk bepalend voor de manier waarop in het buitenland geconcurreerd moet worden. Een 'mondiale' bedrijfstak heeft als meest opzienbarende kenmerk dat er in verschillende landen dezelfde soort klanten zitten. In dat geval kan een standaardisatiestrategie worden toegepast: hetzelfde product kan op een soortgelijke manier aan de man/vrouw worden gebracht. Op die manier kan van schaalvoordelen geprofiteerd worden. In 'mondiale' bedrijfstakken is het noodzakelijk op mondiale schaal te concurreren. Dat leidt in bepaalde bedrijfstakken tot een samenklonteringsproces waarbij na vele fusies en acquisities in de loop der tijd slechts enkele aanbieders overblijven. Ondernemingen die actief zijn in 'mondiale' bedrijfstakken hoeven hun producten voor een groot deel niet aan lokale omstandigheden aan te passen.

Ons onderzoek heeft geleerd dat internationaal actieve ondernemingen de keuze hebben uit vier verschillende businessmodellen. Deze internationale businessmodellen liggen in het verlengde van de eerdergenoemde tweedeling in 'mondiale' en 'multi-nationale' bedrijfstakken.

Internationale businessmodellen zijn bepalend voor de manier waarop men concurreert en de wijze waarop men zichzelf inricht wat betreft zowel de internationale organisatie als de buitenlandse marktbewerking. We kunnen een onderverdeling maken in vier internationale businessmodellen:

- Het 'op landen georiënteerde businessmodel': 60 procent van alle onderzochte ondernemingen maakte gebruik van dit businessmodel.
- Het 'mondiale niche businessmodel': 16 procent van de ondernemingen hanteerde dit businessmodel.
- Het 'op regio's georiënteerde businessmodel': 21 procent van de ondernemingen was op deze manier georganiseerd.
- Het 'mondiaal geïntegreerde businessmodel': 3 procent van de onderzochte ondernemingen probeerde op deze wijze de concurrentiestrijd te winnen.

Meer in het algemeen kan gesteld worden dat de eerste twee businessmodellen met elkaar gemeen hebben dat de winstgevendheid in één land onafhankelijk is van die in een ander land, terwijl bij de laatste twee businessmodellen de winstgevendheid in het ene land wordt beïnvloed door de winstgevendheid in een ander land. De internationaal verspreide ondernemingsonderdelen dan wel activiteiten zijn bij de eerste twee businessmodellen onafhankelijk van elkaar, terwijl er bij de twee andere businessmodellen sprake is van interdependentie van internationaal verspreide ondernemingsonderdelen dan wel activiteiten.

In het 'op landen georiënteerde businessmodel' en het 'op regio's georiënteerde businessmodel' gaan Nederlandse ondernemingen uit van de stelling dat ze hun activiteiten zoveel mogelijk aan lokale omstandigheden dienen aan te passen willen ze succesvol (kunnen) zijn. In het 'op landen georiënteerde businessmodel' passen ondernemingen hun activiteiten zoveel mogelijk aan ieder land aan waarin ze actief zijn. Bekende ondernemingen als Ahold en Unilever hanteren sinds lange tijd een 'op landen georiënteerd businessmodel'. Deze ondernemingen hebben opvallend veel 'discipelen'. Meer dan de helft van alle in ons onderzoek bestudeerde ondernemingen maakte van dit businessmodel gebruik, terwijl nota bene meer dan driekwart van de dienstenondernemingen dit businessmodel omarmde.

Ondernemingen die gebruik maken van het 'op regio's georiënteerde businessmodel' passen hun bedrijfsvoering aan aan de regio's (bijvoorbeeld Europa dan wel Zuidoost-Azië) waarin ze hoofdzakelijk actief zijn. Deze ondernemingen bewerken bewust verschillende regio's in verschillende delen van de wereld en hebben daar hun manier van organiseren en marktbewerking op afgestemd. Dergelijke ondernemingen beschikken bijvoorbeeld over een 'Europa-bedrijf' (een onderdeel dat zich louter en alleen richt op het aanbieden van producten in Europa) dan wel een 'Azië-bedrijf' (een onderdeel dat zich heeft gespecialiseerd in het bewerken van de Aziatische markt). Ondernemingen die een 'op regio's georiënteerd businessmodel' voeren, profiteren vooral van hun regiospecifieke expertise en de mogelijkheid om van regionale schaalvoordelen te kunnen profiteren. Voorbeelden zijn: grote uitgeverijen, verschillende financiële dienstverleners en internationaal actieve bouw- en baggermaatschappijen.

Ondernemingen met een 'mondiaal niche businessmodel' of een 'mondiaal geïntegreerd businessmodel' passen zich in tegenstelling tot de eerdergenoemde ondernemingen weinig tot in het geheel niet aan aan de lokale buitenlandse omstandigheden. Internationaal actieve ondernemingen met dergelijke businessmodellen hebben hun bedrijfsvoering tot op grote hoogte gestandaardiseerd. De in een gegeven land actieve onderneming maakt gebruik van mondiaal gestandaardiseerde producten en marktbewerkingsstrategieën. Nederlandse ondernemingen met een 'mondiaal niche businessmodel' treffen we onder meer aan in de biotechnologie, andere kennisintensieve sectoren als high-tech sectoren en voorts onder gespecialiseerde kapitaalgoederenfabrikanten.

Weinig Nederlandse ondernemingen maken gebruik van het 'mondiaal geïntegreerde businessmodel'. De businessmodellen van dergelijke ondernemingen zijn in sterke mate geïntegreerd c.q. nauwkeurig over de geografische grenzen heen op elkaar afgestemd. Het geografisch uitgewaaierde 'mondiaal geïntegreerde businessmodel' is dus optimaal verspreid en tegelijkertijd zijn de onderdelen van dit businessmodel goed op elkaar ingespeeld. Het hoofdkantoor coördineert de inspanningen van de verschillende dochtermaatschappijen nauwkeurig. Dochtermaatschappijen in verschillende landen weten precies wat van hen - in relatie tot andere dochtermaatschappijen - wordt verlangd.

In Nederland zijn (erg) grote ondernemingen als Shell, Philips, DSM en Akzo Nobel uitgesproken voorbeelden van ondernemingen met een 'mondiaal geïntegreerd businessmodel'. Shell, Philips, DSM en Akzo Nobel proberen middels hun mondiaal sterk geïntegreerde en goed georkestreerde businessmodellen een duurzaam concurrentievoordeel te realiseren door de verschillende activiteiten daar uit te voeren waar ze het 'beste' (lees: 'het goedkoopste' dan wel 'kwalitatief het beste') uitgevoerd kunnen worden.

De crux is dat Nederlandse ondernemingen die vooral in 'mondialiserende' bedrijfstakken opereren in toenemende mate hun businessmodel op de specifieke (veranderende!) kenmerken van die bedrijfstak af moeten stemmen. Dit blijkt in de praktijk van het internationaal ondernemen een belangrijke succes- dan wel faalfactor te zijn. Internationaal actieve Nederlandse ondernemingen moeten altijd over een 'businessmodel 'fit'' beschikken: het *gehanteerde* internationale businessmodel moet perfect aansluiten bij het *noodzakelijke* businessmodel gegeven de specifieke karakteristieken van de bedrijfstak waarin wordt geopereerd (er moet als het ware sprake zijn van een 'fit').

Nederlandse ondernemingen die over een internationale 'businessmodel fit' beschikken presteren significant beter dan ondernemingen die een dergelijke 'fit' moeten ontberen. Het is zonder meer opvallend dat slechts weinig Nederlandse ondernemingen naar eigen zeggen een perfecte 'businessmodel fit' hebben met de buitenlandse bedrijfstak waarin wordt geopereerd. De buitenlandse klant wordt dus door het grootste deel van het internationaal actieve Nederlandse bedrijfsleven vanuit een suboptimaal businessmodel bediend (...)

Ergo: het is als internationaal actieve Nederlandse onderneming van groot belang (1) een goed beeld te krijgen van de kenmerken van de eigen (al dan niet 'mondialiserende') bedrijfstak en (2) vervolgens na te gaan of het eigen businessmodel nog wel goed aansluit bij de al dan niet veranderende bedrijfstaksuccesvoorwaarden.

6.3 Thema 2 - Hoogwaardig HRM-management

Internationaal ondernemen is mensenwerk. Internationaal actieve ondernemingen zijn in sterke mate afhankelijk van het feit of men voldoende en kwalitatief hoogwaardige internationale managers weet te mobiliseren c.q. aan te trekken. Diverse internationaliserende Nederlandse ondernemingen blijken volgens ons onderzoek met een tekort aan hooggekwalificeerde managers te kampen. Andere bedrijven kost het veel moeite ervaren medewerkers uit hun functies los te weken om ze voor internationale projecten in te zetten.

Een goed functionerend internationaal personeelsbeleid is dan ook een belangrijke strategische variabele in de internationale concurrentiestrijd. Zonder adequate vaardigheden kan een onderneming nimmer de internationale concurrentiestrijd winnen. Een tekort aan mensen met internationale vaardigheden staat de ambities van veel ondernemingen in de weg. Het ontwikkelen en opleiden van internationale managers moet volgens onze interviewees in veel ondernemingen een aanmerkelijk hogere prioriteit krijgen.

Het internationale personeelsbeleid van internationaliserende ondernemingen moet zich in het bijzonder bezighouden met het aantrekken (i.e., werving & selectie), opleiden (i.e., via off-the-job training), ontwikkelen (i.e., via on-the-job-training), 'opwinden' (middels een uitdagend loopbaanbeleid) en behouden (het

58

uiteindelijke resultaat van de vier eerdergenoemde activiteiten) van kwalitatief goede medewerkers die een actieve bijdrage kunnen leveren aan het internationaliseren van het werkterrein van een onderneming.

Als 'internationaal' manager opereren is complex en niet zelden onbevredigend. De 'terugkomst' is hiervoor wellicht het meest illustratief. Als leidinggevende medewerkers na een periode in het buitenland (waarin zij meestal autonoom hebben kunnen werken, goed betaald zijn en soms in hoog aanzien hebben gestaan) terugkomen, krijgen ze te maken met een organisatie die vaak niet precies weet wat ze de afgelopen jaren hebben gedaan, doorgaans niet inziet hoe hun nieuwe - in het buitenland vergaarde - kennis kan worden benut en zich onvoldoende om hen bekommert. Uit ons onderzoek blijkt dat dit eerder regel is dan uitzondering.

Volgens een general manager (zelf een zogenaamde 'expatriate') van een chemisch bedrijf worden 'expatriates' - Nederlandse managers die in een gegeven land worden gedetacheerd - met name geconfronteerd met het zogenaamde "dubbele loyaliteitsvraagstuk". Een expatriate moet in sommige gevallen kiezen of men loyaal is aan de moedermaatschappij (in het bijzonder het hoofdkantoor in Nederland) dan wel de lokale buitenlandse dochtermaatschappij (die men niet zelden als manager leidt en waar men dus verantwoordelijk voor is). Het is in de praktijk zaak een evenwicht te vinden tussen de eisen en doelstellingen die vanuit het hoofdkantoor uit Nederland worden opgelegd aan de lokale dochtermaatschappijen en de sterk gevoelde neiging in te spelen op zeer specifieke omgevingsomstandigheden die uniek zijn voor de buitenlandse dochtermaatschappij. Expatriates die bijvoorbeeld tezeer vanuit Nederland voorgeschreven procedures aan 'hun' dochtermaatschappijen opleggen, komen dikwijls in de problemen omdat die procedures nu eenmaal niet in een lokale dochtermaatschappij toegepast kunnen worden.

Andere middels dit onderzoek verkregen inzichten zijn:

* 80 procent van de ondernemingen geeft expatriates uitleg over zaken als visum, werkvergunning en uiteenlopende overige formaliteiten.

* In ongeveer 75 procent van de gevallen wordt met de uitgezonden werknemer op regelmatige basis contact onderhouden - in het bijzonder via werkoverleg (meestal meerdere keren per jaar, hoewel het aantal contactmomenten per onderneming sterk uiteenloopt).

- Ongeveer de helft van de bedrijven voert een systematisch reïntegratiebeleid, waarbij in de meeste gevallen de loopbaanontwikkeling het uitgangspunt vormt.

- Ongeveer veertig procent van de expatriates wordt opnieuw uitgezonden. De andere zestig procent vindt een nieuwe functie binnen dan wel buiten de onderneming.

- In maar liefst 90 procent van de bij de uitzending gehanteerde evaluatieformulieren wordt melding gemaakt van problemen bij de terugkeer in Nederland.

- De leiding van een internationaal actieve Nederlandse onderneming blijkt niet zelden 'mentaal geprogrammeerd'. Men heeft doorgaans veel ervaring, maar de vraag die keer op keer gesteld zou moeten worden, wordt lang niet altijd gesteld. Namelijk, beschikt het management van dergelijke ondernemingen ook over de juiste ervaring hoe met actuele en toekomstige internationale voetangels en klemmen omgegaan moet worden.

Veel leidinggevenden blijken volgens ons onderzoek niet over de juiste ervaring te beschikken om de steeds lastiger internationale uitdagingen naar de hand te zetten. De internationale omgeving dreigt voor deze leidinggevenden tot een onoplosbaar cryptogram te worden.

Internationaal succes is volgens de interviewees voor een "heel belangrijk deel" een functie van een kwalitatief hoogwaardig internationaal HRM-beleid. Internationaliseren begint en eindigt uiteindelijk altijd bij de 'dragers van vaardigheden': individuele medewerkers in het algemeen en internationale managers en ondernemers in het bijzonder.

De waarheid is echter dat de meeste internationaliserende Nederlandse bedrijven te weinig tijd reserveren voor het aantrekken, opleiden, ontwikkelen, opwinden en behouden van kwalitatief goede medewerkers die een positieve bijdrage kunnen leveren aan het (voortgaand) internationaliseren van het werkterrein van een onderneming. Dat probleem speelt vooral bij kleine en middelgrote industriële ondernemingen. Ook kleine dienstenondernemingen hebben hier 'last' van. Het Nederlandse grootbedrijf heeft wat dat betreft haar zaakjes duidelijk beter voor elkaar. Grote industriële en dienstenondernemingen als Unilever en ABN AMRO kunnen in dit kader als 'benchmark' fungeren. Kleinere ondernemingen kunnen wat dit belangrijke onderwerp betreft veel van hun grotere collegae leren.

De belangrijkste randvoorwaarden van een effectief internationaal HRM-beleid zijn:

• Een succesvol internationaal HRM-beleid begint bij een daadwerkelijk besef bij de leiding van internationaal actieve ondernemingen dat HRM in het algemeen en internationaal HRM in het bijzonder de kurk is waarop een internationaliserend bedrijf drijft. Dat lijkt voor zich te spreken. Het onderzoek spreekt echter wat dat betreft een geheel andere taal. Volgens veel managers gaapt er nog steeds een grote kloof tussen bloemrijke woorden en broodnodige daden. Lijn (directie/raad van bestuur) en staf (Personeelszaken en/of Management Development) blijken op het terrein van het internationale HRM doorgaans slecht met elkaar te communiceren. Het internationale HRM-beleid is en blijft daardoor een relatief (veel te) geïsoleerde stafactiviteit.

• Een tweede randvoorwaarde voor een succesvol internationaal HRM-beleid is het tot stand brengen van een expliciete koppeling tussen internationale HRM-doelstellingen en strategische (ondernemings)doelstellingen. Internationale HRM-doelstellingen moeten altijd in de doelstellingen van de internationaal actieve onderneming zijn ingebed. Internationale HRM-doelstellingen zijn volgens de geïnterviewde directeuren en managers vooral 'stand alone' ('op zichzelf staande') doelstellingen in plaats van 'inter-linked' doelstellingen (namelijk afgestemd op de strategische ondernemingsdoelstellingen).

• Een derde belangrijke succesfactor heeft betrekking op het realiseren van een adequate mix van 'off-the-job' en 'on-the-job'-trainingen, zodat voldoende kennis en ervaring wordt opgedaan om internationale uitdagingen tot een goed einde te kunnen brengen. Een probleem binnen veel ondernemingen is het afwezig zijn van het besef van het belang van een internationaal HRM-beleid. Daarmee ontberen veel Nederlandse ondernemingen een gunstige voedingsbodem die nu eenmaal noodzakelijk is om van internationaal ondernemen een succes te maken. Een niet-tastbare kritische succesfactor is een juiste mentaliteit, gestoeld op het besef dat internationaal HRM van cruciaal belang is voor niet alleen de lange termijn continuïteit van een onderneming maar ook voor de korte termijn winstgevendheid.

De crux zit 'm vooral in het geplande karakter van een internationaal HRM-beleid in plaats van het veel te vaak gevoerde "ad-hoc beleid". Internationaal actieve ondernemingen met een succesvol internationaal HRM-beleid realiseren omvangrijke economies of skills - voordelen die samenhangen met het uitwisselen van (multi-inzetbare) vaardigheden die medewerkers in verschillende landen opdoen. Het verschijnsel economies of skills manifesteert zich met name via onderling afhankelijke en (belangrijker) aanhankelijke organisatie-eenheden en individuele managers die eerst en vooral informatie uitwisselen over (potentiële) klanten, producten, processen, technologische en lokale marktontwikkelingen.

Managers die uit de voeten kunnen met mondiale issues zullen vele kwaliteiten moeten hebben. Men moet over veel inlevingsvermogen beschikken, ontvankelijk zijn voor andere culturen, veranderingsgezind zijn ('internationaliseren' lijkt weleens synoniem te zijn voor 'veranderen'), taalvaardig zijn, kennis hebben van specifieke internationale marktsegmenten en bedrijfstakken, talentvolle relationship managers zijn, en over een uniek fysiek en mentaal uithoudingsvermogen beschikken. Vooral dat laatste wordt nog weleens vergeten. In de internationale wereld van Peter Stuyvesant wordt er echter snel gestegen en misschien nog wel sneller gedaald.

Internationaal ondernemen is een people's business pur sang. Internationaliserende ondernemingen die tezeer de nadruk leggen op de business in plaats van de people's staan met hun rug naar de toekomst. En die ondernemingen zijn er volgens dit onderzoek nog steeds veel te veel. Geconcludeerd kan worden dat Nederlandse ondernemingen veel meer zullen moeten investeren in het eigen international human capital.

6.4 Thema 3 - Cultuurmanagement

Internationaal zakendoen is vaak een kwestie van 'cultureel management', zo valt met name te beluisteren bij Nederlandse ondernemingen die intensief internationaliseren. Internationaal op de 'automatische piloot' opereren is in met name cultuurvreemde regio's - hoewel aan de orde van de dag - niet aanbevelenswaardig (en dan druk ik mij nogal relativerend uit).

Het onderwerp 'cultuur' kan vanuit twee niveaus worden belicht: de nationale cultuur en de organisatiecultuur. Met name het goed op elkaar afstemmen van deze cultuurniveaus blijkt van cruciaal belang. "Als het niet 'klikt' tussen een buitenlandse cultuur en onze eigen ondernemingscultuur houdt het wat zakendoen al snel op", aldus een exportmanager die met name in Zuid-Amerika actief is.

Het meest in het oog springende cultuurniveau is de nationale cultuur. De nationale cultuur van een land is verantwoordelijk voor wat we de 'culturele' omgeving noemen. In zeker opzicht kan de 'culturele' omgeving gelijkgeschakeld worden met de eerder behandelde 'politieke', 'juridische' en 'technologische' omgeving.

Internationaal actieve Nederlandse ondernemingen worden in toenemende mate met verschillende culturele omgevingen geconfronteerd. Dit vereist cultureel sensitief management. De leiding van een Nederlandse onderneming zal zich terdege op de hoogte dienen te stellen van de culturele omgeving waarin wordt geopereerd. Die culturele omgeving bestaat uit verschillende aspecten en dimensies. Daarbij moet onder meer worden gedacht aan het omgaan met risico's (verschilt per cultuur), het belang van masculiniteit en individualiteit (verschillen eveneens per nationale cultuur) en het belang van de factor hiërarchie (ook op deze dimensie bestaan er internationaal grote en dikwijls niet dan wel moeilijk te 'managen' verschillen).

Ook op andere dimensies van nationale cultuur blijken landen van elkaar te verschillen. Het belang dat aan 'werk'/'arbeid' wordt gehecht verschilt bijvoorbeeld significant per nationale cultuur. Wij zijn bijvoorbeeld tot de conclusie gekomen dat 'arbeid' ongeveer even belangrijk is onder Europese nationale culturen (i.e., dus EU- en niet-EU landen). 'Arbeid'/'werk' wordt met name in Azië en dan in het bijzonder in het Verre Oosten als uiterst belangrijk gezien. Zuid-Amerika scoorde op dit vlak beduidend lager. Noord-Amerika scoorde een verdienstelijke tweede plaats (vrijwel direct na Azië). Ergo: het arbeidsethos is in Azië en Noord-Amerika hoger dan in Zuid-Amerika. Een dergelijk (volgens ons onderzoek groot) verschil heeft vanzelfsprekend de nodige implicaties voor de internationale beleidsuitvoering.

Overigens moet niet onderschat worden dat de 'zingeving' van 'arbeid'/'werk' voor lokale medewerkers tussen landen vaak fundamenteel kan verschillen, los van het 'belang' dat men toekent aan 'arbeid'/'werk'. Waar bijvoorbeeld lokale medewerkers van Nederlandse dochtermaatschappijen uit Noord- en West-Europa veel waarde toekennen aan 'zelfrealisatie', zijn lokale medewerkers van Nederlandse dochtermaatschappijen uit Zuid-Europa met name geïnteresseerd in het opdoen van 'nieuwe ervaringen', terwijl die uit Oost-Europa vooral 'vooruit willen komen op de maatschappelijke ladder' (...) Ofwel: het 'belang' is hetzelfde, maar de 'zingeving' verschilt significant. Anders gezegd: nationale cultuurverschillen luisteren nauw omdat het vaak om uiterst genuanceerde verschillen handelt. Dat verklaart tevens waarom zoveel Nederlandse ondernemingen moeite hebben met het onderwerp 'cultuurmanagement'.

Lokale buitenlandse gewoonten zijn niet altijd even eenvoudig te doorgronden. Toch zullen internationaal actieve Nederlandse ondernemingen op de hoogte dienen te zijn van de specifieke voorkeuren en opvattingen over allerlei cultuurgerelateerde aangelegenheden. Illustratief is hoe met het aanbieden van een gift aan een buitenlandse zakenpartner omgegaan dient te worden. Ook het gebruik van bepaalde kleuren luistert nauw.

In Japan is het hoogst ongewoon een gift in het bijzijn van een Japanse manager te openen dan wel van de Japanse zakenpartner te verwachten dat de gift ter plekke wordt opengemaakt. In Europa is het verdacht omvangrijke giften te schenken. In de Arabische wereld is het ongewoon bij het eerste bezoek een gift te geven. Dat wordt namelijk in die regio gezien als een poging tot omkoping. In de Arabische wereld is het normaal een gift in het bijzijn van anderen te geven, terwijl dit in China ongewoon is. In China is een gift een normale bedrijfspraktijk en dan bij voorkeur in privé-omstandigheden. In Latijns-Amerika wordt een gift eigenlijk alleen in een aangename sociale omgeving gegeven (bijvoorbeeld tijdens een diner). In Latijnsamerikaanse landen wordt het geven van giften zoveel mogelijk gescheiden van het doen van zaken.

Ook het onderwerp 'kleur' fungeert als 'glijbaan' annex faalfactor. Verschillende nationale culturen hechten namelijk een verschillend belang aan bepaalde kleuren. Zo wordt de kleur groen in Zuidoost-Azië geassocieerd met ziekte en gevaar (de jungle), terwijl diezelfde kleur in Islamitische landen erg populair is. Zwart is in Europa en Noord-Amerika de kleur van de dood, terwijl de dood in Zuidoost-Azië vooral met de kleur wit wordt geassocieerd (Aziatische vrouwen hebben om diezelfde reden ook geen voorkeur voor witte trouwjurken). In Latijnsamerikaanse landen wordt paars vaak gezien als de 'kleur van de dood'. Wit is in Ghana de 'kleur der vreugde', terwijl diezelfde kleur in West-Europa en Noord-Amerika appelleert aan 'maagdelijkheid' en 'vruchtbaarheid'. In het Westen is blauw een masculiene kleur welke representatief is bij het zakendoen (denk aan de blauwe kostuums). Blauw wordt echter in Iran gezien als een 'slechte' kleur die je als mens 'uit de weg dient te gaan'.

Zoals al eerder aangegeven: 'culturele compatibiliteit' is van eminent belang wil internationaal ondernemen tot een succes worden. Culturele compatibiliteit speelt zich niet alleen af op het niveau van de nationale cultuur, maar ook op het niveau van de bedrijfscultuur.

Iedere internationaal actieve Nederlandse onderneming beschikt over een bedrijfscultuur. Die bedrijfscultuur zit in de hoofden van medewerkers, wordt onderling gedeeld, niet louter met de mond beleden en heeft betrekking op het denken en handelen van individuele medewerkers. De bedrijfscultuur bepaalt eveneens mede hoe en met welke externe partijen (buitenlandse toeleveranciers bijvoorbeeld) wordt omgegaan. Een bedrijfscultuur heeft derhalve grote invloed op de wijze waarop een onderneming tot besluiten komt en hoe deze besluiten worden uitgevoerd.

Bedrijfscultuur heeft een 'constant' karakter en is daardoor in de praktijk van alledag moeilijk te veranderen. Op zich is dit een majeure uitdaging omdat de buitenlandse omgeving waarin Nederlandse ondernemingen opereren steeds turbulenter wordt. Van de Nederlandse onderneming wordt min of meer vereist daar adequaat op in te spelen. Het is alleen al daarom van belang dat de bedrijfscultuur van een Nederlandse onderneming goed aansluit bij de buitenlandse omgeving waarin men opereert en daarmee de nationale dan wel regionale cultuur waarmee men wordt geconfronteerd. In ons onderzoek werden we enigszins verrast door het grote belang van deze vorm van culturele compatibiliteit.

De mate van deze vorm van culturele compatibiliteit is niet zelden bepalend voor het al dan niet succesvol zijn als internationaal actieve Nederlandse onderneming. Bedrijfs- en nationale culturen moeten niet 'kortsluiten'. Veel Nederlandse ondernemingen hebben om diezelfde reden regelmatig hun broek gescheurd in cultuurvreemde regio's als Zuid-Amerika en Zuidoost-Azië. Ook dichter bij huis hebben Nederlandse ondernemingen met een bepaalde bedrijfscultuur dikwijls moeite met bepaalde nationale culturen. De waarschijnlijkheid op culturele compatibiliteit in bijvoorbeeld België is ronduit laag. Omdat bedrijfsculturen tot op zekere hoogte voortkomen uit nationale culturen kan gesteld worden dat ook nationale culturen bij voorkeur bij elkaar dienen te passen. Als nationale culturen elkaar beter liggen zullen bedrijfsculturen daardoor doorgaans minder moeite met elkaar hebben.

Culturele compatibiliteit is belangrijk vanwege het 'externe legitimeringsvraagstuk'. Het functioneren van internationaal actieve Nederlandse ondernemingen moet altijd gelegitimeerd worden door de externe omgeving waarin wordt geopereerd - onder meer de nationale culturele omgeving. Als het onderhavige onderzoek iets heeft aangetoond dan is het wel dat dit externe legitimeringsvraagstuk alleen maar belangrijker wordt.

De vroegere president-directeur van Akzo Nobel, mr A. Loudon, zei enkele jaren geleden eens tijdens een lezing dat "het vermogen om om te gaan met de eigen en vreemde culturen een van de belangrijkste (zo niet de belangrijkste) kwaliteiten is van internationaal actieve ondernemingen". Dat vergde volgens Loudon veel van de leiding van dergelijke ondernemingen. Een manager in een internationaal actieve onderneming moest volgens hem vooral 'cultuurmanager' zijn.

6.5 Resumerend

Iedere internationaliserende Nederlandse onderneming zal na moeten gaan of men de beschikking heeft over voldoende en juiste vaardigheden en/of ervaring. Dit betekent dat een onderneming een helder zicht moet hebben op de vaardigheden van de eigen organisatiegenoten - zowel leidinggevenden als medewerkers. De 'internationalisatievaardigheden' dienen in de 'haarvaten' van de onderneming te zitten - niet alleen bij een enkele (top)manager. Internationaal ondernemen is een gedeelde inspanning, geen activiteit die door één dan wel enkele managers c.q. medewerkers uitgevoerd kan worden.

Het hebben van voldoende van de juiste vaardigheden is een noodzakelijke doch geen voldoende voorwaarde voor een succesvolle uitvoering van het internationale ondernemingsbeleid. Ondernemingen dienen ook te beschikken over het juiste internationale businessmodel en de juiste 'culturele' infrastructuur.

De succesvolle uitvoering van het internationale ondernemingsbeleid is een gecompliceerd geheel aan materiële en immateriële variabelen die op een complexe manier met elkaar interacteren. Een internationaliserende onderneming dient een gedegen analyse te maken van de diversiteit en de complexiteit van dergelijke interacterende beleidsvariabelen.

7 DE INTERNATIONALE BELEIDSEVALUATIE

7.1 Algemeen

Nederlandse ondernemingen komen nadat internationale initiatieven zijn geëffectueerd, zonder uitzondering tot de conclusie dat een robuust, gedetailleerd internationaal beleids- annex businessplan onontbeerlijk is voor een succesvolle internationalisatie.

Opvallend is dat de in ons onderzoek bestudeerde Nederlandse ondernemingen voortdurend benadrukten, dat men zonder een internationaal businessplan "met één been in het buitenlandse graf" staat. Volgens dit onderzoek hebben internationaliserende ondernemingen zonder een expliciet internationaal businessplan een significant grotere kans op een lokale buitenlandse déconfiture dan Nederlandse ondernemingen die daar wel gebruik van maken.

Ondernemingen die internationaliseren moeten de vele vraagtekens inzake de 'buitenlanduitdaging' in de vorm van uitroeptekens (antwoorden) in een internationaal businessplan hebben ingebed. Leidinggevenden van succesvolle internationaal actieve ondernemingen zijn zich hier goed van bewust, terwijl leidinggevenden van niet-succesvolle ondernemingen zich hier terdege van bewust zouden moeten zijn. Het al dan niet beschikken over een gedegen internationaal businessplan is de belangrijkste discriminerende variabele voor internationaal ondernemingssucces - ongeacht de definitie van dit succes.

In het vervolg van dit hoofdstuk verstrekken we juist om deze reden vele handvatten die erop zijn gericht tot een kwalitatief hoogwaardig internationaal businessplan te komen. De onderdelen van het hier geschetste businessplan zijn in zeker opzicht 'ideaaltypisch', want de bestanddelen van dit plan zijn (dikwijls gefragmenteerd) 'aangegeven' door verschillende geïnterviewde directeuren en managers. De centrale boodschap: alleen met behulp van een kwalitatief hoogwaardig internationaal businessplan wordt een internationaal actieve Nederlandse onderneming in de gelegenheid gesteld blijvend de internationale concurrentiestrijd naar de hand te zetten.

7.2 Thema - Een internationaal businessplan

7.2.1 Introductie

Waarom?

Internationaal zakendoen gebeurt niet zelden op een ad-hoc manier. Volgens dit onderzoek bestaat er een positief verband tussen het expliciteren van de voorbereiding in de vorm van een internationaal businessplan en de mate van internationaal succes gemeten in zowel financieel als strategisch opzicht. Lokale buitenlandse markten worden op een weloverwogen manier benaderd zodat de ingezette financiële en human resources optimaal worden benut. Het padvindersmotto 'wees voorbereid' blijkt ook in het internationale zakenleven positieve effecten te hebben.

Het is overigens opvallend hoe gemakkelijk ondernemingen over het onderwerp 'internationaal businessplan' heen stappen. Het feit dat slechts dertig procent van de kleine en middelgrote ondernemingen hun internationale ambities kwalificeert en kwantificeert in de vorm van een internationaal businessplan blijft verbazingwekkend. Met name het lage percentage zet aan tot denken.

Veel internationaliserende ondernemingen zijn zich slechts ten dele bewust van de voorbereidende stappen die zij eigenlijk zouden moeten nemen bij het penetreren van lokale buitenlandse markten. Ook 'toevallige mogelijkheden' (waar vooral de kleinere en middelgrote ondernemingen niet zelden tegenaan lopen) zullen nader onderzocht en bestudeerd dienen te worden. Het ontwikkelen van een internationaal businessplan biedt dan uitkomst, want de onderneming wordt dan aangezet om haar 'huiswerk' goed te maken. Het integrale en holistische karakter van een businessplan dwingt een onderneming het internationale initiatief c.q. 'avontuur' vanuit verschillende invalshoeken te bekijken. Op die manier wordt voorkomen dat ondernemingen te snel hun werkterrein (voortgaand) internationaliseren. Tijdens het formuleren van een businessplan kan als het ware de 'handrem' (al dan niet tijdelijk) op de internationalisatie worden gezet.

Een belangrijk bijgevolg van een internationaal businessplan is dat ondernemingen op deze manier veel informatie vergaren over de uitdaging waarmee ze geconfronteerd worden. Dikwijls wordt veel meer informatie verzameld dan op het eerste gezicht noodzakelijk is. Die 'extra' informatie kan echter in een later stadium gebruikt worden wanneer bijvoorbeeld in de loop der tijd veel meer informatie nodig blijkt. Voor internationaal opererende ondernemingen dan wel ondernemingen die voor het eerst de bakens internationaal verzetten is een internationaal businessplan een 'informatiebaken'. Dankzij de voor een internationaal businessplan verzamelde informatie worden kwalitatief betere beslissingen genomen.

Ook wordt het middels de informatie die aan een businessplan ten grondslag ligt gemakkelijker meerdere managers en medewerkers bij de internationale uitdaging te betrekken. Meerdere medewerkers kunnen middels een businessplan op de hoogte worden gebracht van de internationale ambities van 'hun' onderneming. Internationale ambities moeten immers eerst en vooral gedeeld worden. Het proces van het formuleren van een internationaal businessplan is een uitgelezen manier om individuele medewerkers bij het internationalisatieproces te betrekken.

Een internationaal businessplan is een aaneenschakeling van 'doelen' en 'middelen'. Een internationaal businessplan is in de kern de weergave van de internationale ambities ('hogere doelen') van een onderneming. Die ambities worden in concrete doelstellingen geformaliseerd. Middels strategieën beogen ondernemingen doelstellingen te realiseren. De uitvoering van strategieën wordt geëvalueerd, zodat een onderneming 'al doende' bijstuurt en leert. Middelen - onder meer financiële middelen en managers en overige medewerkers - stellen een onderneming in staat bepaalde ambities daadwerkelijk te realiseren.

Ondernemingen met internationale ambities horen een apart, daarop afgestemd 'internationaal businessplan' te ontwikkelen en te implementeren. Op die manier wordt de internationale uitdaging goed in kaart gebracht en worden beslissingen en te nemen acties geprioriteerd, zorgvuldig beargumenteerd en op een rij gezet. Dit komt de kwaliteit van de internationale bedrijfsvoering ten goede. In de woorden van een directeur van een exportbedrijf: "Managers en medewerkers weten beter wat men internationaal van elkaar mag verwachten". De 'neuzen' staan als het ware 'dezelfde kant uit'. Tegelijkertijd functioneert een internationaal businessplan als een kompas. Het geeft richting aan de toekomstige ontwikkeling van een internationaal actieve onderneming.

Vragen beantwoorden

Een internationaal businessplan bestaat uit verschillende op elkaar afgestemde onderdelen c.q. modules. Die onderdelen zijn op hun beurt het resultaat van veel antwoorden op veel vragen. Internationaal actief zijn is vooral een kwestie van het beantwoorden van veel vragen teneinde op die manier risico's en onzekerheden te verminderen. Ondernemingen kunnen met behulp van een internationaal businessplan specifieke internationale uitdagingen 'beteugelen' door op een systematische en geobjectiveerde manier belangrijke vragen te beantwoorden.

Voor iedere vorm van internationaliseren geldt: men kan niet vroeg genoeg beginnen met de voorbereiding. Teveel leidinggevenden van vooral kleinere ondernemingen blijken de internationale uitdaging volgens ons onderzoek fundamenteel te onderschatten. De praktijk blijkt nogal weerbarstig te zijn. Te weinig ondernemingen beschouwen het formeren van een internationaal businessplan als 'droogzwemmen' alvorens daadwerkelijk het 'diepe bad' - genaamd 'het buitenland' - in te gaan. Een planmatige, geobjectiveerde en systematische aanpak is geen met alle vrijblijvendheid omgeven mogelijkheid maar een noodzakelijkheid. Dat begint met een serieuze oriëntatie en voorbereiding en eindigt met het daadwerkelijk vorm en inhoud geven aan de in een internationaal businessplan opgetekende ambities, doelstellingen en strategieën.

Opzet

Een internationaal businessplan bestaat uit verschillende modules. Die modules zullen nauwkeurig op elkaar afgestemd moeten worden. In de praktijk liggen de modules in elkaars verlengde en zijn het zowel met elkaar communicerende onderdelen als op zichzelf staande onderdelen die zorgvuldig ingevuld dienen te worden. In een module zijn ten behoeve van een weloverwogen structuur verschillende subonderdelen ondergebracht. Iedere module dekt - zoals eerder uitgelegd - uiteenlopende antwoorden op verschillende vragen af. Het geheel leest als een aaneenschakeling van antwoorden op vragen die relevant zijn met betrekking tot generieke en/of specifieke internationale ambities.

'Exportbeleidsplannen' en 'internationale marketingplannen' dan wel andere 'functionele plannen' (als bijvoorbeeld het 'internationale R&D-plan' of het 'internationale productieplan') moeten altijd het 'internationale businessplan' volgen. Een internationaal businessplan is het leidende document voor andere, dikwijls (nog) specifiekere internationale (deel) plannen. Om diezelfde reden is het van belang dat de direct betrokkenen bij internationale deelplannen goed op de hoogte zijn van de specifieke 'ins' en 'outs' van een internationaal businessplan.

In het vervolg van dit hoofdstuk zullen we de verschillende modules van een internationaal businessplan behandelen. In een internationaal businessplan moet een onderverdeling worden gemaakt in zes modules:
• Een samenvatting ten behoeve van het geven van een overzicht van de internationale activiteiten c.q. plannen.

- Een nauwkeurige analyse van de omgeving waarin de internationale ambities gerealiseerd moeten worden.
- Een zorgvuldig geconstrueerd portret van de onderneming (met internationale ambities).
- Het operationele beleid noodzakelijk om de internationale ambities daadwerkelijk te realiseren.
- Een overzicht van de eerste en belangrijke concrete werkzaamheden die met inachtneming van financiële randvoorwaarden uitgevoerd dienen te worden (ook wel het 'implementatiebeleid' genoemd).
- Eventuele bijlagen om bepaalde beslissingen en keuzes nader te onderbouwen.

De zes onderdelen moeten bij voorkeur als volgt (achtereenvolgens) worden doorlopen:
- Fase één: de omgevingsanalyse, de ondernemingsanalyse, het operationele beleid en het implementatiebeleid.
- Fase twee: eventuele bijlagen.
- Fase drie: de samenvatting.

Het grondig invullen van de verschillende modules van een internationaal businessplan is van belang met het oog op de risico's en onzekerheden waarmee internationaliserende ondernemingen worden geconfronteerd. Het formuleren van een internationaal businessplan dwingt een onderneming goed na te denken over de te ondernemen acties gericht op het realiseren van specifieke internationale ambities. Het planmatige en systematische karakter van een plan stimuleert het reflecteren op het internationaal ondernemen. Dit komt de kwaliteit van het internationale ondernemingsbeleid zonder meer ten goede.

7.2.2 De samenvatting

Een internationaal businessplan opent altijd met een samenvatting - module I. De samenvatting van een internationaal businessplan geeft kernachtig de inhoud van het businessplan weer. Het is zaak in de samenvatting alleen de 'hoofdweg' van het internationale businessplan op te nemen. 'B-' en 'C-wegen' staan in het plan zelf dan wel worden in bijlagen meegenomen.

Een samenvatting is vaak kwalitatief van aard, omdat dit de toegankelijkheid en leesbaarheid van de samenvatting bevordert. Kwantitatieve gegevens worden om die reden spaarzaam gebruikt. Het doel van een samenvatting is immers snel inzicht te krijgen in de internationale doelstellingen, daarop afgestemde strategieën en daarvoor benodigde middelen. In de meeste gevallen wordt in de samenvatting voor wat betreft relevante kwantitatieve informatie alleen de kwantitatieve financiële dimensie van een internationaal businessplan kort weergegeven.

Een samenvatting is beknopt, duidelijk, plezierig en eenvoudig van opzet, informatief en coherent met de inhoud van het internationale businessplan. Een samenvatting is nimmer volledig. De samenvatting geeft een 'deelverhaal', nooit het 'gehele verhaal'. Te vaak volstaan niet direct betrokkenen met het lezen van de samenvatting. Men gaat er dan ten onrechte vanuit dat men het businessplan op deze manier kan doorgronden.

7.2.3 De omgevingsanalyse

In module II van een internationaal businessplan dient een onderneming antwoord te geven op de hamvraag: is de buitenlandse omgeving aantrekkelijk voor een door ons aan te bieden goed dan wel dienst? De buitenlandse omgeving 'selecteert' uiteindelijk succesvolle goederen dan wel diensten en dient derhalve open te staan voor bepaalde producten.

Inzicht krijgen in de externe omgeving is van belang, omdat de ambities van de onderneming in die externe omgeving handen en voeten gegeven moeten worden. De externe omgeving moet dus 'vruchtbaar' zijn c.q. de externe omgeving van een internationaal actieve onderneming zal naadloos bij de internationale ambities en doelstellingen van juist die onderneming aan moeten sluiten. Een onderneming kan nog zo ambitieus zijn en over veel unieke vaardigheden beschikken, als de lokale buitenlandse omgeving onaantrekkelijk is, is er geen solide basis voor het realiseren van een duurzaam en lucratief lokaal concurrentievoordeel.

De buitenlandse omgeving bestaat altijd uit twee verschillende 'soorten' externe omgevingen: de institutionele omgeving en de bedrijfstak waarin wordt geopereerd en geconcurreerd om de gunst van de klant.

Daarbij moet een onderneming waken voor een louter 'statische analyse' van de stand van zaken met betrekking tot een gegeven buitenlandse omgeving. Het analyseren van de institutionele en bedrijfstakomgeving is statisch, want een momentopname. Een eenzijdige statische omgevingsanalyse kan voorkomen worden door bepaalde omgevingsvariabelen op een systematische manier te veranderen c.q. variabel te maken. Middels een zogenaamde 'gevoeligheidsanalyse' kan een externe omgevingsanalyse 'dynamisch' worden gemaakt. Het is zaak in een internationaal businessplan een statische analyse te completeren met een dynamische gevoeligheidsanalyse.

• De institutionele omgeving

De 'institutionele omgeving' is een 'allesomvattende' omgeving. De institutionele omgeving bestaat op haar beurt uit verschillende 'omgevingen'. De macro-economische, politieke, maatschappelijke, juridische, technologische, demografische en culturele omgeving vormen samen de institutionele omgeving.

Iedere internationaal actieve onderneming zal in een specifieke buitenlandse institutionele omgeving moeten kunnen functioneren. In alle gevallen zal de institutionele omgeving een 'buitenlandse' onderneming moeten 'accepteren'. Dit ligt soms heel gevoelig. In dit kader moet bijvoorbeeld worden gedacht aan de maatschappelijke dan wel culturele omgeving.

Belangrijke generieke vragen die in het kader van de institutionele omgeving moeten worden beantwoord zijn:
• Wat zijn de belangrijke macro-economische, politieke, maatschappelijke, juridische, technologische, demografische en culturele ontwikkelingen op een gegeven buitenlandse markt?
• Hoe 'ontvankelijk' is de lokale institutionele omgeving voor een nieuwe 'buitenlandse' onderneming dan wel een buitenlandse onderneming die in toenemende mate actief wordt op een gegeven buitenlandse markt?
• Hoe 'aantrekkelijk' is een gegeven institutionele omgeving waarin een onderneming actief wenst te worden en kan een individuele onderneming negatieve ontwikkelingen pareren en positieve ontwikkelingen benutten?

Enkele voorbeelden van specifiekere vragen die met betrekking tot de institutionele omgeving moeten worden gesteld, zijn:
• De macro-economische omgeving: wat zijn de macro-economische kengetallen van de beoogde buitenlandse markt in termen van macro-economische groei, marktomvang, financiële stabiliteit, besteedbaar inkomen per hoofd van de bevolking en de verdeling van het besteedbaar inkomen over de bevolking?
• De maatschappelijke en politieke omgeving: hoe staat het met de maatschappelijke en politieke stabiliteit in een land, wat is de houding van een buitenlandse gastoverheid jegens de activiteiten van 'buitenlandse' ondernemingen (hebben die ondernemingen te maken met de nodige restricties) en hoe staat een buitenlandse overheid tegenover het transfereren van winsten naar het moederland?
• De culturele en demografische omgeving: in welke mate wordt het lokale zakendoen beïnvloed door taal, cultuur, religie en historische opvattingen en in hoeverre spelen demografische

ontwikkelingen een rol bij het lokaal vermarkten van goederen dan wel diensten?

- De technologische en juridische omgeving: faciliteert de technologische stand van zaken in een lokale markt het zakendoen op een buitenlandse markt, welke rol speelt de lokale overheid bij het ontwikkelen dan wel gebruikmaken van (geavanceerde) technologieën en in hoeverre faciliteert (bemoeilijkt?) de juridische omgeving het internationaal ondernemen?

Ondernemingen met internationale ambities zullen goed voorbereid de 'institutionele' uitdagingen te lijf moeten gaan, temeer daar men in de regel geen invloed op diezelfde institutionele omgeving uit kan oefenen.

Een belangrijk onderdeel van het analyseren van de institutionele omgeving is het onderbouwen van de keuze voor een bepaalde nationale dan wel regionale markt. Het overgrote deel van de internationale inspanningen van ondernemingen richt zich op een specifiek land (en soms zelfs een gegeven regio - met name in omvangrijke nationale markten als de Amerikaanse dan wel Chinese markt). Ondernemingen zullen de keuze voor een gegeven land dan wel regio goed moeten onderbouwen. Die keuze wordt voor een niet onaanzienlijk deel bepaald door de omgevingsanalyse in het algemeen en de analyse van de institutionele omgeving in het bijzonder.

- **De bedrijfstak**

Het bestuderen van de buitenlandse bedrijfstak betekent handen en voeten geven aan drie analyses:
- Een bedrijfstakanalyse: het in kaart brengen van het gemiddelde winstgevendheidsniveau van een bedrijfstak.
- Een concurrentie-analyse: het kwalificeren van de kwaliteiten van directe en indirecte concurrenten.
- Een onderscheidende voordelen-analyse: het transparant maken van de relatieve ondernemingsvoordelen versus de concurrentie.

De bedrijfstakanalyse

Het bestuderen van de buitenlandse bedrijfstak waarin geopereerd wordt respectievelijk zal gaan worden is van fundamenteel belang. Uiteindelijk is het de rentabiliteit van bedrijfstakken welke verantwoordelijk is voor een al dan niet winstgevende buitenlandse exploitatie.

Harvard-hoogleraar Michael Porter heeft een algemeen toepasbaar instrument ontwikkeld waarmee inzicht kan worden gekregen in de

74

aantrekkelijkheid c.q. de winstgevendheid van een bedrijfstak. Het zogenaamde 'vijf krachten'-model van Porter is een eenvoudig en krachtig instrument om de rentabiliteit van een bedrijfstak te bepalen. Hoewel het instrument van Porter louter kwalificeert en niet kwantificeert zal iedere onderneming met specifieke internationale ambities van dit instrument gebruik kunnen maken. Het 'vijf krachten'-model verschaft een goed inzicht in de haalbaarheid van internationale ambities en de inspanningen die een onderneming zich dient te getroosten wil daadwerkelijk een solide concurrentiepositie in een buitenlandse bedrijfstak worden opgebouwd.

De intensiteit van de concurrentiestrijd in een bedrijfstak is volgens Porter het gevolg van een zich tussen vijf factoren afspelend krachtenspel: de rivaliteit tussen bestaande ondernemingen (ook wel 'interne concurrentie' genoemd), de onderhandelingspositie van (toe)leveranciers, de bedreiging van nieuwe bedrijven, de onderhandelingspositie van afnemers en de bedreiging die uitgaat van substituten.

Het model van Porter fungeert voor internationaal actieve ondernemingen als elementaire 'checklist'. Het 'sparren' met dit model kan louterend werken. Het model is een goed vertrekpunt voor voortgaande, specifiekere analyses. Het bedrijfstakanalysemodel fungeert namelijk in de praktijk als een 'trechter': de belangrijkste concurrentiebepalende bedrijfstakfactoren kunnen na verloop van tijd druppelsgewijs worden opgevangen, uiteengelegd en grondig geanalyseerd.

Middels een bedrijfstakanalyse worden vragen beantwoord als:
• Hoeveel potentiële klanten, concurrenten en toeleveranciers zijn aanwezig in een gegeven buitenlandse bedrijfstak?
• Hoe aantrekkelijk zijn potentiële klanten en hoe 'sterk' zijn lokale concurrenten en toeleveranciers?
• Wat is het belang van het hebben van goede banden met klanten, toeleveranciers en andere stakeholders die het functioneren van de 'buitenlandse' onderneming kunnen beïnvloeden?
• Wat is het gemiddelde winstgevendheidsniveau van een buitenlandse bedrijfstak en is het als buitenlandse onderneming mogelijk daar significant van te profiteren of maken structurele dan wel tijdelijke barrieres dit moeilijk dan wel onmogelijk?

Een bedrijfstakanalyse mondt uit in een kwalificatie van de aantrekkelijkheid van een lokale buitenlandse bedrijfstak in termen van zowel de haalbare winstgevendheid als de daarvoor in acht te nemen 'spelregels'. Iedere lokale buitenlandse bedrijfstak heeft eigen spelregels waaraan een buitenlandse onderneming zich dient te houden. Die spelregels beïnvloeden in sterke mate de aard en felheid van de concurrentiestrijd en daarmee de mogelijkheid een aantrekkelijke positie in een buitenlandse bedrijfstak te verwerven.

De concurrentie-analyse

Iedere bedrijfstak is een optelsom van concurrenten die middels uiteenlopende concurrentiestrategieën proberen de klant te behagen. Bedrijfstakken zijn altijd opgebouwd uit 'segmenten' en 'strategische groepen':
- 'Segmenten' zijn onderdelen van een bedrijfstak waarin klanten overeenkomstige kenmerken vertonen. Samen vormen die klanten een 'segment' in een bedrijfstak.
- 'Strategische groepen' zijn groepen concurrenten die dezelfde concurrentiestrategie hanteren en daarmee fel met elkaar concurreren om marge en marktaandeel.

Internationaal actieve ondernemingen zullen zoveel mogelijk op zoek moeten gaan naar lucratieve 'segmenten' (met een hoge winstgevendheid) en zoveel mogelijk 'strategische groepen' moeten vermijden.

Het analyseren van zowel segmenten als strategische groepen betekent dat ondernemingen een scherp oog voor de factor 'concurrentie' moeten hebben. Welke concurrenten rivaliseren om de 'hand van de klant'? Van welke 'overredingstactieken' c.q. concurrentiestrategieën maken de concurrenten gebruik? Wordt er geconcurreerd op basis van lage kosten, bepaalde kenmerken ('toegevoegde waarde' als kwaliteit, een snelle levertijd, een sterk image etc) of innovativiteit? Hoe effectief zijn die concurrentiestrategieën? Et cetera. Et cetera.

Ondernemingen die internationaliseren zullen met name een scherp oog moeten hebben voor lokale concurrenten omdat juist die concurrenten een 'thuiswedstrijd' spelen. Dergelijke concurrenten (vaak klein dan wel middelgroot) worden niet zelden door (grote) internationaal actieve ondernemingen over het hoofd gezien.

De onderscheidende voordelen-analyse

Iedere internationaal actieve onderneming zal moeten bepalen op welke wijze men zich van de concurrentie wil en kan onderscheiden. Het 'onderscheidend vermogen' is verantwoordelijk voor de positionering en profilering op de buitenlandse markt. Het onderscheidend vermogen van een onderneming is daarmee bepalend in de concurrentiestrijd.

Het is in dit verband belangrijk stil te staan bij het elementaire onderscheid tussen 'core business', 'core activities' en 'core competences'. Een voorbeeld maakt een en ander duidelijk.

Philips is actief in de 'electronica' (i.e., het is haar 'core business'). 'Core activities' van Philips zijn onder meer het produceren en vermarkten van 'huishoudelijke apparatuur' en 'semi-conductors'. De 'core competence' van Philips is het ontwikkelen van electronische producten. De 'core competence' van directe concurrent Sony daarentegen is het vermarkten van electronische producten. 'Core activities' van Sony zijn 'spelcomputers' en 'audio-apparatuur'. De 'core business' van Sony is 'electronica'.

Iedere internationaal actieve onderneming moet eerst en vooral onderscheidend zijn in termen van de 'core competences' vis-à-vis directe en indirecte concurrenten. Sterker: een onderneming met internationale ambities moet in zeker opzicht 'uniek' zijn met betrekking tot een gegeven competentie. De onderneming in kwestie zal zich immers in de regel 'in moeten vechten' op een lokale buitenlandse markt, terwijl lokale concurrenten de klanten en andere stakeholders doorgaans aanmerkelijk beter kennen.

De bedrijfstakanalyse, concurrentie-analyse en onderscheidende voordelen-analyse liggen in elkaars verlengde en geven samen inzicht in de robuustheid van de concurrentiepositie die door een buitenlandse onderneming op een lokale productmarkt kan worden ingenomen.

De voornoemde analyses zijn altijd een momentopname en daarmee statisch van aard, terwijl de concurrentiestrijd dynamisch is en juist om die reden bijzondere eisen stelt aan de internationaliserende onderneming. Internationaal actieve ondernemingen hebben dan ook alle baat bij het uitvoeren van zogeheten 'gevoeligheidsanalyses'.

De 'gevoeligheidsanalyse'

Ieder internationaal initiatief is omgeven met de nodige in acht genomen veronderstellingen. Die veronderstellingen maken het mogelijk bepaalde voorspellingen te doen over het verloop van de in het buitenland te voeren concurrentiestrijd. Dergelijke voorspellingen zijn van belang, onder meer in verband met het vaststellen van de financiële steun, benodigd voor een internationaal initiatief. Zonder veronderstellingen kan er met andere woorden geen internationaal beleid worden gevoerd.

Iedere leidinggevende zal zich voortdurend af dienen te vragen 'wat als nu .....' verandert? In het meest ideale geval gebeurt dit al tijdens de voorbereiding van een internationaal initiatief. Wat zijn met andere woorden de gevolgen van het veranderen van bepaalde veronderstellingen? Veronderstellingen veranderen in de loop der tijd altijd. Dit kan additionele mogelijkheden maar ook ingrijpende bedreigingen opleveren.

Met een 'gevoeligheidsanalyse' kunnen de gevolgen van veranderende veronderstellingen doorzichtig en concreet worden gemaakt. Een dergelijke gevoeligheidsanalyse zal altijd een integraal onderdeel moeten zijn van een internationaal businessplan.

Een gevoeligheidsanalyse kan kwalitatief en kwantitatief van aard zijn. Een gedetailleerde kwantitatieve gevoeligheidsanalyse wordt in een bijlage ondergebracht. De hoofdlijnen van een kwantitatieve gevoeligheidsanalyse worden echter opgenomen in de hoofdtekst van het plan.

Het maken van een gedegen gevoeligheidsanalyse is overigens geen sinecure. Gevoeligheidsanalyses hebben om diezelfde reden de neiging omvangrijk en kwantitatief van aard te worden. Dat komt de hanteerbaarheid van dergelijke analyses vaak niet ten goede. Juist om die reden maken veel ondernemingen - ten onrechte maar soms begrijpelijk - geen gebruik van gevoeligheidsanalyses.

Meer in het algemeen kan worden gesteld dat internationaal actieve ondernemingen middels gevoeligheidsanalyses beter zijn voorbereid op ongunstige dan wel tegenvallende ontwikkelingen. Zij kunnen daardoor sneller en gemakkelijker negatieve ontwikkelingen pareren dan wel positieve ontwikkelingen naar de hand zetten.

7.2.4 De ondernemingsanalyse

Module III van een internationaal businessplan gaat over de onderneming in kwestie. Hamvraag van deze module: wat zijn de internationale ambities van een onderneming?

Internationale ambities staan nooit op zichzelf. Internationale ambities liggen altijd in het verlengde van de 'bestaansreden' van een onderneming. Internationale ambities moeten voorts altijd geconcretiseerd worden. 'Ambities' zijn doorgaans vaag dan wel abstract van aard. Ondernemingen gebruiken 'doelstellingen' om ambities te concretiseren. Door van bepaalde 'strategieën' gebruik te maken worden 'doelstellingen' gerealiseerd zodat een onderneming in staat is haar internationale ambities te realiseren.

In module III van een internationaal businessplan moeten de volgende onderwerpen worden behandeld: de missie van de onderneming, de internationale visie van die onderneming, de kwalitatieve en kwantitatieve doelstellingen, de strategieën en de vaardigheden van de onderneming.

Het expliciteren van de missie, visie, doelstellingen, strategieën en vaardigheden behoort tot de fundamentele beginselen van het formuleren van een internationaal businessplan. Een internationaal businessplan moet altijd invulling geven aan de voornoemde vijf begrippen.

Missie

De 'bestaansreden' van een onderneming noemen we wel een 'ondernemingsmissie'. Een missie van een onderneming is het antwoord op de vraag: 'Wat is onze business?'

Een missie is dus altijd statisch. Een onderneming voert immers 'vandaag' bepaalde activiteiten uit om op die manier tegemoet te komen aan de behoeften van klanten. Een ondernemingsmissie gaat dus over datgene waar de onderneming in kwestie haar bestaansrecht aan ontleent.

Internationale initiatieven mogen de ondernemingsmissie niet in gevaar brengen. Het is dan ook zaak nauwkeurig van tevoren vast te leggen of een internationaal initiatief risico's oplevert die de ondernemingsmissie kan schaden. In het meest negatieve geval kan een internationaal initiatief de missie ondermijnen en daarmee de continuïteit van een onderneming in gevaar brengen. In de praktijk van het internationaal ondernemen zijn verschillende ondernemingen juist om deze reden 'onderuit' gegaan.

Visie

Een visie is in tegenstelling tot een missie dynamisch. Een visie van een onderneming geeft in notedop aan wat de ambities zijn van die onderneming; Wat de onderneming in de toekomst 'wil worden'. Een visie gaat dus over 'morgen' en 'overmorgen', terwijl een missie over 'vandaag' handelt.

Een internationale visie vormt de neerslag van de internationale ambities van een onderneming. Die ambities moeten goed geprioriteerd worden, bij voorkeur goed zijn onderbouwd met feiten en veeleisend doch haalbaar zijn. Zonder een aansprekende internationale visie mist een onderneming met internationale ambities een 'stuwende' en 'inspirerende' kracht.

Het expliciteren en formuleren van een internationale visie betekent dus het stellen van in het bijzonder de volgende vraag: wat zijn de toekomstige internationale ambities van onze onderneming?

Doelstellingen

Een internationale visie is vaak weinig concreet. Het is niet zelden een mooi geformuleerde, soms zelfs enigszins abstracte volzin. Middels 'doelstellingen' wordt een ondernemingsvisie concreet gemaakt. Daarbij valt een onderscheid te maken naar 'kwalitatieve doelstellingen' en 'kwantitatieve doelstellingen'. Dergelijke doelstellingen moeten in de regel jaarlijks worden gerealiseerd. Het formuleren van doelstellingen is dan ook vaak een jaarlijkse activiteit. Veel ondernemingen formuleren gedurende het opstellen van het jaarlijkse budget nieuwe ondernemingsdoelstellingen.

In het kader van het vaststellen van de (jaarlijkse) doelstellingen is het van belang in het bijzonder de volgende vragen te stellen:
- Wat zijn de van een internationale visie afgeleide doelstellingen?
- Hoe verhouden die doelstellingen zich tot elkaar?
- Zijn de van een internationale visie afgeleide internationale doelstellingen inspirerend genoeg en haalbaar?

Enkele jaren achter elkaar de van een internationale visie afgeleide doelstellingen handen en voeten geven betekent uiteindelijk dat internationale ambities worden gerealiseerd.

Strategieën

Middels 'strategieën' worden doelstellingen gerealiseerd. Strategieën zijn 'keuzes' van een onderneming. Iedere onderneming maakt dikwijls sterk uiteenlopende keuzes: acties gericht op het realiseren van ondernemingsdoelstellingen, bijvoorbeeld internationale doelstellingen.

Er kunnen op verschillende analytische niveaus keuzes worden gemaakt:
- het niveau van de internationaal actieve onderneming - we spreken in dit geval over 'ondernemingsstrategieën'
- het niveau van een buitenlandse dochtermaatschappij - we spreken in dit geval over 'businessstrategieën'
- het niveau van de concurrentie - we spreken dan over 'concurrentiestrategieën'
- het niveau van verschillende functionaliteiten (onder meer R&D, productie, distributie, marketing, verkoop en dergelijke) - we spreken in dit geval over 'functionele strategieën'.

Ondernemingen met internationale ambities zullen goed over de verschillende strategieperspectieven na moeten denken. De perspectieven liggen namelijk in elkaars verlengde en kunnen elkaar derhalve versterken dan wel verzwakken. Leidend zijn ondernemingsstrategieën op de voet gevolgd door business-, concurrentie- en functionele strategieën.

Het is van belang in ieder geval de volgende vragen te beantwoorden:
- Welke internationale ondernemingsstrategieën zijn noodzakelijk om de geformuleerde kwalitatieve en kwantitatieve doelstellingen te realiseren?
- Welke internationale businessstrategieën stellen de onderneming in staat specifieke buitenlandse doelstellingen te realiseren?
- Met behulp van welke internationale concurrentiestrategie moet de strijd worden aangevat met de internationale dan wel lokale buitenlandse concurrentie?
- Welke internationale functionele strategieën leveren een (in)directe bijdrage aan de te realiseren kwalitatieve en/of kwantitatieve doelstellingen?

Alle internationale strategieën zijn uiteindelijk gericht op het realiseren van internationale doelstellingen zodat een internationaal actieve onderneming uiteindelijk in staat is bepaalde internationale ambities - zoals weerspiegeld in de internationale visie - te realiseren.

Vaardigheden

Leidinggevenden, managers en medewerkers zijn 'dragers van vaardigheden'. Uiteindelijk is internationalisatie mensenwerk en zonder de juiste vaardigheden zal een onderneming niet in staat zijn de juiste internationale beslissingen te nemen.

Belangrijke vragen die met betrekking tot de al dan niet aanwezige maar noodzakelijke vaardigheden gesteld moeten worden zijn:
- Beschikken we als onderneming over de juiste leidinggevende en uitvoerende vaardigheden om van internationalisatie een succes te maken?
- Beschikken we als onderneming over voldoende van de juiste vaardigheden om van de (voortgaande) internationalisatie een succes te maken?

Het gaat dus met betrekking tot het onderwerp vaardigheden om zowel de kwaliteit als de kwantiteit aan vaardigheden. Het voeren van een louter 'kwalitatieve' dan wel 'kwantitatieve' discussie is niet juist.

Internationalisatie begint daarmee altijd in het moederland. Zaken als het expliciteren van de missie, de internationale visie, internationale doelstellingen, internationale strategieën en daarvoor benodigde leidinggevende en uitvoerende vaardigheden horen op de thuismarkt te worden aangevangen en beslist niet na het zetten van de eerste schreden op een gegeven internationaliseringspad.

7.2.5 Het operationele beleid

Het internationale operationele beleid vormt het ontbrekende puzzelstuk tussen enerzijds de omgevings- en ondernemingsanalyse en anderzijds de manifeste dan wel latente behoeften van klanten waarop een internationaal actieve onderneming moet inspelen.

Dit betekent dat een onderneming keuzes moet maken met betrekking tot de verschillende operationele functionaliteiten die tegen concurrenten worden ingezet om de gunst van de klant. Er zal dus beslist moeten worden hoe de functionaliteiten annex activiteiten vormgegeven moeten worden. Vertrekpunt bij het nemen van beslissingen met betrekking tot die functionaliteiten zijn altijd de manifeste dan wel latente behoeften van de (potentiële) klant.

In de praktijk kan een onderverdeling worden gemaakt naar 'primaire' en 'secundaire' functionaliteiten. Tot de primaire functionaliteiten worden gerekend: onderzoek & ontwikkeling, productie, distributie, marketing en verkoop. Deze functionaliteiten zijn samen verantwoordelijk voor wat we wel het 'primaire ondernemingsproces' noemen. Tot de secundaire operationele functionaliteiten worden gerekend de zogenaamde 'ondersteunende activiteiten'. Daarbij moet worden gedacht aan activiteiten als het organisatiebeleid, het cultuurbeleid, taxmanagement en dergelijke.

Ook nu zal een internationaal actieve onderneming vele vragen met betrekking tot zowel de primaire als de secundaire functionaliteiten dienen te beantwoorden. Kan de klant wel met onze producten worden bediend? Kunnen we wel van de juiste distributiekanalen gebruik maken? Is onze internationale marketingaanpak wel effectief? Leveren we wel kwalitatief de juiste producten? Sluit onze bedrijfscultuur goed aan bij de lokale cultuur? Hebben we wel een goed businessmodel tot onze beschikking? Et cetera. Et cetera.

In deze module (IV) van het internationale businessplan wordt duidelijk of een internationaal actieve onderneming daadwerkelijk in staat is bepaalde - niet zelden hoog gegrepen - ambities te realiseren. De 'haalbaarheid' van de internationale ambities wordt met andere woorden in dit operationele deel evident gemaakt.

7.2.6 Het implementatiebeleid

Het 'hart' van het internationale businessplan - de omgevingsanalyse, de ondernemingsanalyse en het operationele beleid - gaat niet direct in op de 'uitvoerbaarheid' en de 'timing' van de op verschillende plaatsen gemaakte keuzes c.q. 'op papier' genomen beslissingen. Pas tijdens het expliciteren van het 'implementatiebeleid' wordt gekeken naar de uitvoerbaarheid en de timing.

Een internationaal businessplan moet vanzelfsprekend op een succesvolle manier worden uitgevoerd. Dat betekent het nauwkeurig in kaart brengen van de gevolgen van die uitvoering in zowel financiële termen (welk budget is hiervoor benodigd?) als in termen van de voor het realiseren van bepaalde ambities benodigde tijd (hoeveel tijd mogen c.q. moeten we uittrekken voor het realiseren van bepaalde internationale doelstellingen?). Voorts zal als onderdeel van het implementatiebeleid stilgestaan moeten worden bij het opstellen van een detailplanning 'wanneer wat gedaan en behaald dient te worden' inclusief de daarbij horende evaluatiemomenten en - instrumenten.

Iedere internationaal actieve onderneming moet haar inspanningen bij tijd en wijle evalueren. Het gaat in dit kader om het vergelijken van de daadwerkelijke prestaties met de beoogde c.q. geambieerde prestaties (zoals vastgelegd in met name deel III en deel IV van het businessplan). Het verdient daarbij aanbeveling niet alleen te kijken naar de financiële prestaties maar ook naar de marktprestaties en prestaties op het terrein van de verschillende primaire en secundaire functionaliteiten. Ook hier geldt dat een ketting zo sterk is als de zwakste schakel. Het leveren van goede internationale prestaties is een optelsom van vele verschillende soorten prestaties: financiële, strategische en operationele prestaties.

7.2.7 Ter afsluiting

Een internationaal businessplan is een optelsom van verschillende modules. Die modules liggen in elkaars verlengde en expliciteren zowel de meer abstracte dimensie van het internationaal zakendoen als de sterk operationeel georiënteerde activiteiten. Alle modules moeten 'ingevuld' worden en zijn daarmee een noodzakelijk onderdeel van een goed internationaal businessplan.

De bijlagen van een internationaal businessplan beogen vooral in het plan genoemde activiteiten, acties en initiatieven te onderbouwen. Bijlagen zijn altijd gericht op het reduceren van de met bepaalde initiatieven gepaard gaande onzekerheid. Om diezelfde reden zijn bijlagen dikwijls kwantitatief in plaats van kwalitatief van aard. Bijlagen onderbouwen in de regel op een numerieke wijze de in het businessplan uiteengelegde ambities en de operationele initiatieven die uitgevoerd dienen te worden om die ambities daadwerkelijk handen en voeten te geven.

De samenvatting wordt het laatst geschreven. In een samenvatting worden de belangrijkste onderwerpen alleen aangestipt (en dus beslist niet uitgediept!). Een samenvatting schrijven is een vak apart. De auteur van een samenvatting geeft immers via een samenvatting zijn 'visitekaartje' af. Het is zijn/haar 'proeve van bekwaamheid'. In dit deel van het internationale businessplan wordt namelijk het onderscheid tussen hoofd- en bijzaken wel heel expliciet en belangrijk.

Daar komt nog eens bij dat een samenvatting dikwijls als eerste wordt geconsumeerd. Een samenvatting geeft niet alleen een goede eerste indruk van de inhoud maar zegt ook veel over de kwaliteiten van de opsteller(s). Het componeren van een samenvatting verdient dan ook de nodige aandacht. Het 'voorgerecht' is niet voor niets vaak bepalend voor het gehele 'diner'.

7.3 Resumerend

Internationaliserende Nederlandse ondernemingen worden soms min of meer gedwongen hun internationale ambities dan wel specifieke internationalisatiestrategie aan te passen c.q. bij te stellen. In het ernstigste geval worden Nederlandse ondernemingen gedwongen hun internationale inspanningen omwille van verschillende redenen stop te zetten. Een sterk verliesgevende internationale exploitatie zonder perspectief op verbetering zet natuurlijk weinig zoden aan de dijk. Sterker nog: een zwaar verliesgevende internationale activiteit kan de continuïteit van de onderneming in gevaar brengen.

Uit ons onderzoek blijkt dat veel te weinig ondernemingen hun internationale inspanningen systematisch en structureel evalueren. Slechts eenderde van de ondernemingen (en dan met name de grote Nederlandse ondernemingen) evalueert systematisch en structureel de internationale inspanningen (...) Voor deze ronduit lage score zijn verschillende redenen aan te voeren. Meer in het algemeen: internationaal actieve Nederlandse ondernemingen blijken geen voorkeur te hebben voor de managementtaak 'evalueren'. 'Formuleren' en 'implementeren' hebben de voorkeur boven 'evalueren'. Ook hebben opvallend weinig Nederlandse ondernemingen de beschikking over kwalitatief hoogwaardige internationale evaluatiemechanismen. De wel gebruikte methodieken worden sporadisch en daarmee niet structureel toegepast.

Speciale aandacht verdient het uitgebreid expliciteren en onderbouwen van de internationale inspanningen in de vorm van een internationaal businessplan. Dit businessplan fungeert uiteindelijk als vertrekpunt van het internationaliseren en is daarmee tegelijkertijd een ijkpunt voor het evalueren (en eventueel bijstellen) van de internationale inspanningen. Een internationaal businessplan is dus niet alleen het vertrekpunt maar ook het eindpunt van het internationaal ondernemen.

NAWOORD

Ondernemingen die besluiten hun werkterrein over de landsgrenzen heen te verleggen, zullen geconfronteerd worden met de nodige vraagtekens en uitdagingen. Wat op het eerste gezicht voor de hand ligt, blijkt bij nader inzien vaak geen eenvoudige opgave te zijn. Internationalisatie heeft voor vele ondernemingen een welhaast magische bijklank. Diverse ondernemingen met aansprekende internationale reputaties en kwalitatief hoogwaardige producten blijken echter vaak veel moeite te hebben met het penetreren van (buur)landen. De relatie tussen Nederland en Duitsland is in dit verband en meer in het algemeen interessant. Veel Nederlands-Duitse fusies en acquisities stranden en het in Duitsland door Nederlandse ondernemingen van de grond af opbouwen van nieuwe activiteiten blijkt eveneens een moeilijk te nemen hobbel. De vaak breed (in de pers) uitgemeten goede (aanvangs)resultaten zijn niet zelden een kort leven beschoren. Internationaal ondernemen is een moeilijk vak.

Een gewaarschuwd ondernemer telt internationaal voor twee - het is reeds diverse malen benadrukt. Internationaal zakendoen begint voor Nederlandse ondernemers altijd in Nederland. Iedere ondernemer zal in eerste instantie altijd over de juiste 'mindset' dienen te beschikken. Internationalisering zal hoog op de persoonlijke agenda van leidinggevenden dienen te staan. Zij zullen bereid en in staat moeten zijn om van internationaal ondernemen een succes te maken. Daarbij zal zoveel mogelijk de vaak bewierookte 'sales mindset' voorkomen moeten worden.

Internationaliseren is niet louter het afzetten van producten op een gegeven buitenlandse afzetmarkt. De veel voorkomende 'sales mindset' is een 'aanbodgedreven' in plaats van een 'vraaggedreven' attitude. Ondernemingen zullen hier terdege voor op hun hoede dienen te zijn. Uiteindelijk bestaan zij bij de gratie van (buitenlandse) klanten (de 'vraag') en niet dankzij louter en alleen geweldige producten (het 'aanbod'). De buitenlandse klant is in de praktijk geen 'koning' maar steeds vaker een compromisloze 'dictator'. Daarmee wordt voor veel internationaliserende Nederlandse ondernemingen de toon gezet. Een 'sales mindset' is een veel te smalle basis om succesvol mee te kunnen zijn.

Het adequaat handen en voeten geven aan de uitdaging genaamd internationaal ondernemen vergt een kwalitatief hoogwaardig 'general management'. Het gaat immers om meer dan alleen maar het verkopen van (geweldige) producten. Internationaal ondernemen vereist een 'general management mindset' (zie ook het kader). Internationaliserende ondernemingen hebben 'general' c.q. 'algemene' vaardigheden nodig in plaats van louter 'verkoopvaardigheden' om van een buitenlands avontuur een succes te maken.

De 'sales mindset' en de 'general management mindset'

Een 'sales mindset' is ingebed in verkoopvaardigheden, aanbodgedreven, kortetermijngericht en gericht op het onmiddellijk verkopen van producten. Een 'general management mindset' is ingebed in generieke vaardigheden, vraaggedreven, langere termijn gericht en gericht op het weloverwogen opbouwen van marktposities en –aandelen.

Voor de 'adolescenten' geldt dat iedere onderneming zichzelf altijd enkele fundamentele vragen zal moeten stellen, alvorens de eerste schreden op het internationaliseringspad te zetten. De twee belangrijkste vragen waarop een gedegen antwoord gegeven moet worden zijn:
• Moeten we als onderneming wel internationaliseren?
• Kunnen we als onderneming wel internationaliseren?

De eerste vraag houdt direct verband met de mogelijkheden van internationaal ondernemen en de daaraan te ontlenen voordelen. Als internationale expansie aantrekkelijk is spreekt het voor zich dat de leiding van een onderneming zich over deze uitdaging gaat buigen. Ook als binnen- en buitenlandse concurrenten in toenemende mate in bepaalde buitenlandse markten actief worden, zullen Nederlandse ondernemingen gedwongen worden de mogelijkheden van internationale expansie te onderzoeken. Concurrenten kunnen immers via internationale expansie sterker worden - ook op de Nederlandse markt. Noem het de 'u-bocht strategie': ondernemingen worden door te internationaliseren ook op de moedermarkt geduchtere concurrenten - in het bijzonder dankzij de ervaring die op één dan wel meerdere buitenlandse markten wordt opgedaan. Internationalisatie is niet alleen een ondernemingsstrategie maar ook een zeer effectieve concurrentiestrategie - mits zorgvuldig voorbereid en uitgevoerd.

De tweede vraag heeft in eerste aanleg betrekking op de kwaliteit van het management en de medewerkers die het internationale avontuur tot een succes dienen te maken en in tweede instantie op de kwaliteit van de onderneming in de meest brede zin des woords (onder meer de kwaliteit van het product, de verkoopaanpak, het juiste businessmodel en een adequate distributiestrategie et cetera et cetera).

Uit ons onderzoek is duidelijk naar voren gekomen dat internationaliseren vaak sterk uiteenlopende vaardigheden vergt. Die vaardigheden blijken lang niet altijd aanwezig te zijn. Nederlandse ondernemingen die niet over de juiste (en voldoende) vaardigheden beschikken om van internationale expansie een succes te maken komen ontegenzeggelijk van een koude kermis thuis.

In dit boek hebben we twaalf succesingrediënten gepresenteerd. De meeste succes- annex faalingrediënten hebben met persoonlijke vaardigheden te maken. De bal ligt dan ook met name bij de individuele ondernemer. Met dit boek onder de arm moet internationaal ondernemen gefaciliteerd kunnen worden. Ik wens u veel succes.

Prof. dr. P.K. Jagersma
Najaar 2003

LITERATUUR

P.K. Jagersma, "Methodologie van organisatie-onderzoek", in: Maandblad voor Accountancy en Bedrijfseconomie, Januari-Februari 1993.

P.K. Jagersma, "Internationaal Management", Stenfert Kroese/Educatieve Partners Nederland, Utrecht, 1996.

P.K. Jagersma, "Internationaliseren - van Economies of Scale naar Economies of Skills", Oratie Universiteit Nyenrode, 1997.

P.K. Jagersma, "Global Strategy", Inspiration Press, Brussels, 2001.

P.K. Jagersma, "Multibusiness Corporations", Inspiration Press, Brussels, 2002.

P.K. Jagersma, "Innovate or Die", in: Journal of Business Strategy, Winter 2002/2003.

P.K. Jagersma en D. van Gorp, "International HRM - The Dutch Experience", in: Journal of General Management, Vol. 28, Winter 2002.

P.K. Jagersma, "Building Successful China Alliances", in: Business Strategy Review (London School of Economics), Winter 2003.

P.K. Jagersma en D. van Gorp, "International Spin-out Management: Theory and Practice", in: Business Horizons, March-April 2003.

P.K. Jagersma, "Ghana is geen Fontainebleau", in: Het Financieele Dagblad, 3 juli 2003.

P.K. Jagersma en D. van Gorp, "Foreign Direct Investments in China - What's New?", in: Journal of Business Strategy, Autumn 2003.

P.K. Jagersma, "Vision and Leadership - A Cross-cultural Perspective", in: Journal of Business Strategy, Winter 2003/2004.

P.K. Jagersma en D. van Gorp, "International Divestments", in: Business Horizons, January-February 2004.

P.K. Jagersma, "Managing International Business Complexity", in: Journal of International Business Strategy, January-February 2004.

91

M.E. Porter, "Corporate Strategy", The Free Press, New York, 1980.

DE AUTEUR

Prof. dr. P.K. Jagersma is ondernemer. Hij is voorts hoogleraar International Business in het bijzonder de Exportkunde aan Universiteit Nyenrode en hoogleraar Strategie aan de Vrije Universiteit te Amsterdam.

Prof. dr. P.K. Jagersma is (president-)commissaris bij diverse grote binnen- en buitenlandse ondernemingen. Hij bekleedt commissariaten bij industriële ondernemingen (high-tech, kapitaalgoederen, engineering en biotechnologie) en dienstenondernemingen.

Prof. dr. P.K. Jagersma is auteur van 24 boeken en meer dan 200 artikelen die in binnen- en buitenlandse vakbladen zijn verschenen.

www.ingramcontent.com/pod-product-compliance
Lightning Source LLC
Chambersburg PA
CBHW060636210326
41520CB00010B/1625